HIGHLIGHTS ITALIEN

Ernst Wrba
Dagmar Kluthe

BRUCKMANN

Oben: So einsame Strände lassen sich bei Tropea in Kalabrien finden.
Mitte: Byzantinisches Mosaik in der Kirche S. Maria dell Ammiraglio in Palermo.
Unten: Noch heute sind die endlosen Wälder im Nationalpark Sila Grande ein Geheimtipp.

Inhaltsverzeichnis

- Italien – Sehnsuchtsland der Deutschen — 8

Oberitalien — 14

1. Bozen – die Haupstadt der Südtiroler gibt sich mondän — 16
2. Sella Ronda – die Dolomiten von ihrer schönsten Seite — 18
3. Der Vinschgau – Kreativität ist sein Markenzeichen — 22
4. Der Gardasee, ein See mit Mittelmeerambiente — 26
5. Brescia: diskreter Reichtum in alten Steinen — 30
6. Die Weinregion Franciacorta: die »italienische Champagne« — 32
7. Verona – römisches Juwel an der Etsch — 34
8. Vicenza, die Stadt von Andrea Palladio — 36
9. Die Villen am Brenta-Kanal – elegantes Landleben — 38
10. Padua, die junggebliebene Pilgerstadt — 40
11. Venedig – La Serenissima — 44
12. Cortina d'Ampezzo, der Vorzeigeort des Wintersports — 50
13. Triest und das Friaul – Mittelpunkt, Randlage und neues Glück — 52
14. Das Aostatal – ein Treffpunkt europäischer Geschichte — 56
15. Turin, die bescheidene Schöne — 58
16. Alba, der siebte Himmel für Feinschmecker — 62
17. Der Lago Maggiore: Inseln und blühende Gärten — 64
18. Der Comer See: edle Stoffe und herrschaftliche Villen — 68
19. Mailand: die Königin der Mode — 72
20. Genua: »La Superba« punktet mit dem alten Hafen — 76
21. Riviera di Levante: atemberaubende Ausblicke auf das Mittelmeer — 80

Mittelitalien — 84

22. Bologna: »La grassa e la dotta e la rossa« — 86
23. Ferrara und Modena: Spielplatz der Familie d'Este — 90
24. Florenz: Geduld kommt vor dem Kunstgenuss — 92

25	In den Bergen des Chianti	98		
26	Siena, Volterra, Arezzo – im Schatten von Florenz	100		
27	Lucca – eine Stadtmauer mit Lebensqualität	104		
28	Maremma – das einstige Fieberland ist mondän geworden	106		
29	Perugia: Sienas robuste Verwandte	108		
30	Assisi – Weltstadt des Glaubens	108		
31	Orvieto: Der mächtige Dom	109		
32	Am Lago di Trasimeno	109		

Süditalien 110

33	Rom – Weltstadt zwischen Kunst und Cappuccino	112
34	Neapel – man liebt oder hasst die Stadt	120
35	Pompeji und Ercolano – Zeugen römischer Sinnenfreude	124
36	Costiera Amalfitana – wie von Gott geschaffen	128
37	Capri – ewige Sehnsucht nach dem Mythos Italien	134
38	Bari – man traut der Stadt nicht so recht	138
39	Lecce – Üppigkeit in gelbem Sandstein	140
40	Apulien – eigenständige Kultur im Süden	142
41	Matera und die Basilicata	144
42	Die wilde Basilicata	146
43	Cosenza – die Stadt in den Bergen	146
44	Parco Nazionale della Calabria	147
45	Parco Nazionale dell'Aspromonte	147
46	Palermo – Glanz der Vergangenheit	148
47	Der unbekannte Westen und der legendäre Süden Siziliens	154
48	Catania und Taormina – zu Füßen des Ätna	158
49	Liparische Inseln – Paradiese im azurblauen Mittelmeer	160
50	Stromboli und Panarea – die schicken Inseln	164
	Register	166
	Impressum	168

Oben: Fassade des imposanten Palazzo dell'Università in Catania.
Mitte: Es ist ein unvergessliches Erlebnis, unterhalb des ständig rauchenden Ätna Ski zu fahren.
Unten: Schon die Kleinsten begeistern sich für die fantastischen Kunstwerke Roms.

#		#	
1	Bozen – die Haupstadt der Südtiroler gibt sich mondän	26	Siena, Volterra, Arezzo – im Schatten von Florenz
2	Sella Ronda – die Dolomiten von ihrer schönsten Seite	27	Lucca – eine Stadtmauer mit Lebensqualität
3	Der Vinschgau – Kreativität ist sein Markenzeichen	28	Maremma
4	Der Gardasee, ein See mit Mittelmeerambiente	29	Perugia: Sienas robuste Verwandte
5	Brescia: diskreter Reichtum in alten Steinen	30	Assisi – Weltstadt des Glaubens
6	Die Weinregion Franciacorta	31	Orvieto: Der mächtige Dom
7	Verona – römisches Juwel an der Etsch	32	Am Lago di Trasimeno
8	Vicenza, die Stadt von Andrea Palladio	33	Rom – Weltstadt zwischen Kunst und Cappuccino
9	Die Villen am Brenta-Kanal – elegantes Landleben	34	Neapel – man liebt oder hasst die Stadt
10	Padua, die junggebliebene Pilgerstadt	35	Pompeji und Ercolano – Zeugen römischer Sinnenfreude
11	Venedig – La Serenissima	36	Costiera Amalfitana – wie von Gott geschaffen
12	Cortina d'Ampezzo, der Vorzeigeort des Wintersports	37	Capri – ewige Sehnsucht nach dem Mythos Italien
13	Triest und das Friaul	38	Bari – man traut der Stadt nicht so recht
14	Das Aostatal – ein Treffpunkt europäischer Geschichte	39	Lecce – Üppigkeit in gelbem Sandstein
15	Turin, die bescheidene Schöne	40	Apulien – eigenständige Kultur im Süden
16	Alba, der siebte Himmel für Feinschmecker	41	Matera und die Basilicata
17	Der Lago Maggiore: Inseln und blühende Gärten	42	Die wilde Basilicata
18	Der Comer See: edle Stoffe und herrschaftliche Villen	43	Cosenza – die Stadt in den Bergen
19	Mailand: die Königin der Mode	44	Parco Nazionale della Calabria
20	Genua: »La Superba« punktet mit dem alten Hafen	45	Parco Nazionale dell'Aspromonte
21	Riviera di Levante	46	Palermo – Glanz der Vergangenheit
22	Bologna: »La grassa e la dotta e la rossa«	47	Der unbekannte Westen und der Süden Siziliens
23	Ferrara und Modena: Spielplatz der Familie d'Este	48	Catania und Taormina – zu Füßen des Ätna
24	Florenz: Geduld kommt vor dem Kunstgenuss	49	Liparische Inseln – Paradiese im azurblauen Mittelmeer
25	In den Bergen des Chianti	50	Stromboli und Panarea – die schicken Inseln

Oben: In der Alabaster Werkstatt »alab' Arte« in Volterra. Mitte: Auf dem Antiquitätenmarkt von Lucca lässt sich viel Charmantes entdecken. Unten: Die Farben dunkles Rot und Gelb schmücken die Fassaden von Portofino. Rechte Seite oben: Das Baptisterium von Pisa. Unten: Auf der Piazza del Campo in Siena.

Italien – Sehnsuchtsland der Deutschen

An Italien haben die Deutschen einen Narren gefressen. Das beginnt schon zu Hause, da hat man »seinen Italiener«, eine Trattoria um die Ecke, die als Geheimtipp unter Freunden gehandelt wird. Beim Eintreten tönt ein liebenswertes »buona sera« durch das Lokal, wird der Gast an die männliche Brust gedrückt, noch ein *dottore* oder *amico* als Wertschätzung angefügt. Hier fühlt man sich wohl, denn *il patrone* kennt die Lieblingspasta und den Lieblingswein.

Dann kommen die Sommerferien, und alle Italienliebhaber stürmen los, quälen sich über die Autobahnen nach Süden, drängeln sich am Strand, in den Bars und Ristoranti mit Italienern, die am liebsten auch im eigenen Land Urlaub machen. Genervt reagiert man auf die Landsleute, die sich gerne als Besserwisser und Besserkönner hervortun. Doch schon 1740 beklagte sich Lady Hertford, dass dieses Land wegen der herumreisenden Engländer eigentlich unerträglich sei.

Klischees von einem Ferienland
Nach dem Zweiten Weltkrieg wurde das Land ein weiteres Mal »erobert«, mit den Reisebussen, mit VW-Käfer, Isetta und Motorrad mit Beiwagen. 1949 sang Rudi Schuricke das Lied der Caprifischer, das in Italien kaum jemand kannte, aber jedes deutsche Herz dahinschmelzen ließ. Da flimmerte Federico Fellinis »Dolce Vita« über die Leinwand, und Anita Ekberg in der Fontana di Trevi prägte das Bild von Rom für Jahrzehnte. Da träumten die Männer von den vollbusigen Diven Sophia Loren, Gina Lollobrigida und Claudia Cardinale und die Frauen von den dunklen Augen eines Marcello Mastroianni. Die Gazetten überschlugen sich, als der dickliche Roberto Rossellini das Herz der kühlblonden Ingrid Bergman eroberte und sie nach Süditalien lockte, um den Schmachtfetzen »Stromboli« zu drehen. Vor echt mediterraner Wut schäumte Anna Magnani, die ausgebootete Liebhaberin, die so hinreißend in dem Film »Bitterer Reis« zu sehen war, der das arme, sozial ungerechte Italien zeigte. Aus finanzieller Not kamen auch die Gastarbeiter nach Deutschland, doch sie brachten die Pizza, Pasta und Gelato mit, ein Stück begehrenswertes Italien. Mit Valpolicella und dem Chianti aus den Bastflaschen wurden die Partys der 60er-Jahre gefeiert, und wenn sie leer

Italien – Sehnsuchtsland der Deutschen

Oben: Eine der markanten Trutzburgen im Aostatal ist die Festung Verrès. Mitte: Die grandiose Winterbergwelt bei Cortina d'Ampezzo. Unten: Mühelos gedeihen mediterrane Pflanzen im Garten von Schloss Trautmansdorff bei Meran.
Rechts oben: Ein uraltes Bauernhaus und blühende Wiesen sind die perfekte Werbung für Südtirol.

waren, musste die berühmte Flasche als Kerzenständer herhalten.

Strahlende Sonne, leuchtende Farben – und ein bisschen Chaos
Schon oft wurde nach den Gründen der alljährlichen Völkerwanderung geforscht. Die Kraft der mediterranen Sonne wirkt offenbar wie ein Magnet und unterstützt die leichtere Form des Daseins in einer scheinbar intakten Welt, die durch ihre wärmende Menschlichkeit etwas Faszinierendes für »Nordländer« besitzt.

Man könnte von einer »fatigue du nord« sprechen bei dieser Flucht aus den gemütsschweren und grauen Tagen des Nordens, und es gibt nicht wenige Leute, die behaupten, hinter dem Reschenpass oder dem Brenner wäre die Luft ganz anders. Da fühlt man die Weichheit des Südens, begeistert sich an der Harmonie der Landschaft und der Intensität der Farben. Oder vielleicht will es auch einfach der Kopf so, und ein leichter Schneefall in der Toskana könnte ernüchternd wirken?

Durch die ausgeprägte Individualität seiner Bewohner mit diesem Beharren auf dem Eigenen und einem angeborenen Fatalismus konnte sich Italien Vieles bewahren, das in anderen Ländern in der Uniformität untergegangen ist. Weniger Gehorsam, biegsamere Reglementierung, dafür viel Hässlichkeit und Unordnung. Daran hat sich in den letzten 300 Jahren wenig geändert, schon die Teilnehmer der Grand Tour äußerten sich entsetzt über die Verkommenheit des Landes, aber waren zugleich fasziniert von der kulturellen Leistung dieses Volkes.

Italien – Sehnsuchtsland der Deutschen

Ziel für Pilger, Herrscher und Kulturbeflissene

Seit fast 1000 Jahren wird dieses Land bereist, doch das war keine Idee der nördlichen Völker mit ihrem Bildungshunger nach vergangenen Kulturen. Schon die römischen Familien, die auf sich hielten, schickten ihre Söhne in den sogenannten Süden, das war damals Griechenland. In Italien begann das unermüdliche Reisen mit den Staufern, denn sie waren ständig auf Wanderschaft durch ihre ererbten Länder. So bewegte sich Friedrich II. als römischer Kaiser deutscher Nation kämpfend und feiernd von Norden nach Süden, wurde in Frankfurt zum König gewählt und in Rom zum Kaiser gekrönt. Am liebsten verweilte er in Apulien und Sizilien, doch der immerwährende Zwist mit dem Papst ließ Friedrich II. nie zur Ruhe kommen.

Beim Anblick der überbordenden Menschenmassen vor den Uffizien in Florenz oder der Sixtinischen Kapelle in Rom gerät leicht in Vergessenheit, dass die ersten Reisenden eigentlich die Pilger waren. Das Zentrum der Christen liegt in Rom, hier erlitten Petrus und Paulus den Märtyrertod, und das wahre Seelenheil ist nur durch eine Wallfahrt zu den sieben Pilgerkirchen Roms zu erreichen. In der Hauptstadt sitzt der Papst, außerdem ist das Land reich an hochverehrten Heiligen wie Franz von Assisi oder Antonius von Padua, und gelegentlich kommt ein Neuer hinzu wie Padre Pio. Renzo Piano ließ eine gewaltige Kathedrale über dem Grab des Heiligen in San Giovanni Rotondo bauen.

Links: Schon der einstige Schiffsanlegesteg wirkt herrschaftlich bei der Villa Melzi am Comer See. Oben: Kastellbell in Südtirol. Mitte: Mit seinen bunten Fassaden inmitten von viel Grün zieht Riomaggiore alle Blicke auf sich.
Unten: An einem traumhaften Platz liegt das Kloster San Fruttoso an der ligurischen Küste.

Oben: Bei allem Stress die kleinen Freuden nicht vergessen – ein Glas Wein, ein Espresso oder ein Stück Käse.
Rechts: Der Vier-Ströme-Brunnen auf der Piazza Navona in Rom ist ein Touristenmagnet. Rechte Seite: Die berühmten Laubengänge von Bozen am Abend.

Italien – Sehnsuchtsland der Deutschen

Aufregende kulturelle Vielfalt und Pracht

Noch immer gehört das Wandeln auf den Pfaden der Grand Tour zu einer millionenfach erlebten, aber gleichbleibend spannenden Exkursion. Über die Jahrhunderte hat es Italien verstanden, trotz vieler Verluste den Reichtum seines kulturellen Vermächtnisses zu bewahren. So lassen sich fast 250 Jahre später, mit Goethes »Italienischer Reise« oder Gottfried Seumes »Spaziergang nach Syrakus« im Gepäck, noch viele Gedanken der Dichter nachvollziehen. Da sind im Norden die mächtigen Familien der einstigen Stadtstaaten, die sich als Mäzene hervortaten. Mit den bekanntesten Malern, Bildhauern und Architekten ihrer Zeit versuchten sie, Macht und Prestige zu mehren. Ganz anders der Süden, dort hatte man die Kultur nicht eingekauft, sondern sie wurde von den Eroberern mitgebracht. Vertreter von Hochkulturen wie die Phönizier, die Griechen, die Römer, die Sarazenen, die Normannen, die Franzosen und die Spanier, gaben ihren eroberten Ländern einen Anstrich ihrer eigenen Lebensweise, mal in sehr glücklicher Allianz mit den Bewohnern, gelegentlich aber auch sehr destruktiv. Es ist wie mit einer wunderbaren Liebe oder einem aufregenden g'schlamperten Verhältnis: Das Land Italien kann immer aufs Neue begeistern, und die Liebhaber werden nicht weniger.

Oben: Tief verschneit die Marmolada mit der Franz Koster Hütte.
Mitte: Eine Käserei im Valle di Gressoney.
Unten: Blick auf den beliebten Urlaubsort Cortina d'Ampezzo. Rechte Seite: Romantik pur, der Hafen von Vernazza in der Cinque Terre während der »blauen Stunde«.

Oberitalien

Oberitalien

1 Bozen – die Hauptstadt der Südtiroler gibt sich mondän

Leben unter Laubengängen

Es ist schick und teuer, in der Altstadt von Bozen zu wohnen. Einst das pulsierende Herz der mittelalterlichen Kaufmannsstadt, liegen die Laubenhäuser mit ihrem eigenwilligen Grundriss – »ich hab' kaa Haus, ich hab' eine Wurscht« – im Trend. Damals wie heute sind sie das Aushängeschild von jenen, die es geschafft haben. Nun glänzen die grauen Gemäuer in frischer Farbe, und am Abend sind die Gassen voller Leben.

Oben: Ganz futuristisch zeigt sich das Gebäude der Europäischen Akademie in Bozen. Unten: Früchte und Gemüse werden liebevoll auf dem Obstmarkt in Bozen dekoriert. Rechte Seite: Es ist wieder schick geworden, in Bozen zu wohnen und einzukaufen. Geradezu legendär ist die Vielfalt des Nachtlebens.

Nichts haben die Lauben- und Arkadengänge von ihrer mittelalterlichen Atmosphäre verloren, krumm und bucklig winden sie sich durch die Stadt, bieten am Abend viel Ambiente, wenn das gelbe Licht der Straßenlaternen auf das Kopfsteinpflaster fällt. Ließ sich früher um neun Uhr abends kein Mensch mehr blicken und waren viele Gasthäuser geschlossen, so ist heute Leben im nächtlichen Bozen. An Trachtenjanker und Dirndl erkennt man die Fremden, denn eigentlich beherrscht das mondäne Schwarz die Straßen von Bozen, mit der Sonnenbrille als Accessoire Nummer eins, unabhängig von Wetter und Tageszeit, und dem ständig klingelnden *telefonino*. In Bozen betont man das Südländische und liebt den lässigen Auftritt des *fare bella figura*. Das kann der Espresso im Stehen sein und das abendliche Flanieren durch die Lokale.

Hier trifft sich die »Szene«

Damals hatte es mit Attila begonnen, der ein ehemaliges Forsthaus zu seinem »Café Latino« umbaute. Nun stehen an jedem Wochenende die Leute bis auf die Straße, fliegen deutsche und italienische Wortfetzen inmitten hämmernder Musik durch den Raum. Im Zentrum dreht man sich nur um die eigene Achse, um schon vor der nächsten Kneipentür zu stehen. Da fließt das frisch gebraute Bier aus kupfernen Kesseln im heimeligen »Hopfen & Co«, und viele stehen mit dem Glas im Türrahmen, um die Flaniermeile der Goethestraße im Blickfeld zu haben. Wer keine Lust auf Südtiroler Bier verspürt, der wandert zum »Pogue Mahones« in die enge Erbsengasse. Hier läuft das dunkle Guinness mit seinem müden Schaum aus dem Hahn, und der Irish Coffee dürfte mühelos jeden Anfall von Müdigkeit ersticken.

Es ist eine Kneipe mit mehreren kleinen Stuben und Büchern in Regalen, die man studieren könnte, falls man sich langweilen sollte. Hier trifft sich die junge Szene, und es ist meistens so voll, dass sich die Leute am Tresen vorbeischieben und die Party auf der Gasse stattfindet, weil drinnen keine Maus mehr hineinpasst. Um Mitternacht geht auch im Weinlokal »Exil« die Post ab, das mit seinem abgewetzten Kaffeehaus-Ambiente punktet. Wegen der Live-Musik wiederum drängeln sich die Nachtschwärmer im »Soul Kitchen«, obwohl das Lokal an der Messe und fern des Zentrums liegt.

Selbstbewusstsein und Wohlstand

Aufgeweckt hat die Bozener Luis Durnwalder mit seinem »mir sain wieder jemand«. Ein keckes Selbstbewusstsein regt sich in der ehemals verschlafenen Hauptstadt Südtirols, und mit Macht pumpt die Politik des pragmatischen Landeshauptmannes das Blut in die Adern einer weltoffeneren Gemeinde. Die geschickt verhandelte Autonomie Südtirols lässt viel Geld in die Provinzkasse fließen, und ein politisches Einverständnis erlaubt es, der Stadt ein weltläufigeres Gesicht zu geben. Die ersten Schritte sind getan, und so wurde auch der kleine Flughafen an das übrige Italien angebunden. Eine Universität wurde gegründet, in der Dozenten aus ganz Europa in deutscher, italienischer und englischer Sprache lehren. Längst haben die Südtiroler das Beste vereint, eine kompakte Mixtur aus nordischem Organisationstalent und romanischem Sinn für Ästhetik. Mit vielen Worten wird verhandelt und in kühler Effizienz gehandelt. Mag die Stadt auch vor Geschäftigkeit brummen, gegen ein Uhr sausen die Rollläden herunter und es kehrt eine unfassbare Stille ein. Die Menschen verplaudern die Mittagszeit in den Cafés am Waltherplatz, im Gasthaus »Vögele« oder im Garten des Hotels »Laurin«. Da ist Schluss mit Weltläufigkeit, wie eine italienische Kleinstadt genießt Bozen die Siesta, nur so mancher Besucher sitzt ratlos herum und kann mit so viel Freizeit wenig anfangen.

DER »ÖTZI« – DER ÄLTESTE GRENZGÄNGER

Hinter dicken Panzerglasscheiben und nur durch ein kleines Guckloch zu sehen, liegt der bekannteste Südtiroler bei minus sechs Grad und 98 Prozent Luftfeuchtigkeit. Vor 5300 Jahren stieg der »Ötzi« in die eisigen Höhen des Schnalstaler Gletschers und wurde auf dem 3210 Meter hohen Tisenjoch ermordet. Ein Pfeil mit einer Spitze aus Feuerstein hatte ihn tödlich am Rücken getroffen. Zwei Wanderer aus Nürnberg fanden die Mumie im September 1991. Ganze Heerscharen von Wissenschaftlern stürzten sich auf den geheimnisvollen Toten, der um die vierzig Jahre alt war, ungefähr 1,60 Meter groß und für eine Gebirgstour gut gerüstet.
Südtiroler Archäologiemuseum:
Bozen, Museumsstraße 43, geöffnet Dienstag bis Sonntag von 10 bis 18 Uhr.
Website: www.iceman.it

WEITERE INFORMATIONEN ZU BOZEN

Waltherplatz 8, 39100 Bozen,
Tel. (0471) 30 70 00
E-Mail: info@bolzano-bozen.it
Website: www.suedtirol.info

Oberitalien

2 Sella Ronda – die Dolomiten von ihrer schönsten Seite

Skifahren für Genießer

Die Sella Ronda, der bekannteste Skizirkus in Italien, führt rund um den Sella-Gebirgsstock und fasziniert durch die Kulisse der Dolomiten. Gute sechs Stunden sollte man für die 26 Kilometer Abfahrten einplanen, doch an vielen Orten verführen Hütten und Sonnenterrassen zum Einkehrschwung. Für den ehrgeizigen Skifahrer bieten sich noch Abstecher zur Weltcup-Piste des Sasslong in Gröden und der schwarzen Abfahrt Porta Vescovo.

Oben: Die Piste durch das Mittagstal gehört zu den schwierigsten Abfahrten in den Dolomiten. Unten: In einer verwunschenen Landschaft liegt Völs am Schlern. Rechte Seite: Pünktlich zur Mittagszeit liegen die Steaks auf dem Grill der Scotoni-Hütte. Rechts oben: Gaudi im Pulverschnee.

Mühelos gleitet der Ski über die gut präparierten Pisten, und der Fahrtwind vertreibt das bleichwangige Nachtgespenst aus dem Gesicht. Auch nach vielen Stunden an einer Bar schwingt man beherzt die sanften Abfahrten hinunter. Ein simples »Herunterbrettern« hat diese Skiregion nicht verdient, denn das Panorama ist atemberaubend schön. Da könnte man alle paar Minuten anhalten, nur des Schauens und Staunens wegen. Der Mittelpunkt ist der stumpfe Bergklotz der Sella, der wie eine fette Glucke inmitten von wilden Zacken, bizarren Türmen und schroffen Graten der »bleichen Berge« sitzt. Vier Täler – Fassa, Buchenstein, Abtei und Gröden – beherrscht das dominante Felsgestein und ist dabei zu einem Zufluchtsort der uralten Kultur geworden. Selbstbewusst und erfolgreich pochen die 35 000 Ladiner der Dolomitenregion auf ihre Rechte und haben trotz des lebhaften Tourismus so manche Tradition in unsere Zeit gerettet. So wird ihre Sprache in den Schulen gelehrt, sind die Bauernhäuser im ladinischen Baustil hoch begehrt, und die einheimische Küche erfährt eine ungeahnte Renaissance.

Ein Skifahrertraum

Der Sassongher leuchtet in der frühen Morgensonne und schon schlurfen die ersten Skifahrer in Corvara über den knirschenden Schnee. Bei diesem schönen Wetter geht es heute zu den Abfahrten am Lagazuoi, die über den Skizirkus der Sella Ronda zu erreichen sind. Mit dem Sessellift des Col Alto fährt man auf den Piz Surega, und dann rattern die Ski über die hart gewalzte Piste hinunter in das Örtchen Armentarola. Dort staunt der Fahrer eines Kleinbusses, als er vor neun Uhr schon seine

ersten Kunden sieht, und fährt uns zum Falzarego-Pass hinauf. Als eigenwillig kantiger Block mit einem breiten Rücken gehört der Lagazuoi zu jenen Bergen, die als markante Solitäre die Landschaft bereichern. Bevor es zum Skifahren geht, stehen die Kenner auf der Aussichtsterrasse: Da stechen die Türme der Tofana hervor und man sieht das weiße Ungetüm der Marmolada, mit 3343 Metern der höchste Dolomitengipfel. Dann wartet traumhaftes Skifahren. Zunächst die rote Piste zum Aufwärmen, und dann beginnt die sieben Kilometer lange Lagazuoi-Abfahrt durch eine bizarre Felslandschaft. Vorbei an meterlangen, armdicken Eiszapfen eines erstarrten Wasserfalls, der türkisfarben in der Sonne glitzert. Vor der Scotoni-Hütte wird gerade der Grill angeheizt, schon liegen die Koteletts und Bratwürste parat, in einer Stunde lockt alleine der würzige Duft an die Holztische. Bis ins Tal, zum Campingplatz »Sas Dlacia«, lassen wir die Ski laufen, dort sollte uns ein Pferdegespann nach Armentarola ziehen. Doch dem Kutscher sind zwei Personen zu wenig, da bleibt er lieber in der Sonne sitzen, und wir müssen kräftig schieben.

Edler Hüttenzauber

Es ist Mittagszeit, und einer der beliebten Treffpunkte für ein nettes Mittagessen ist die Hütte von Moritz Craffonara. Weiß eingedeckte Tische unter einem Glasdach, in der Mitte steht ein Silberkübel mit eisgekühlten Champagnerflaschen, wir sind im »Club Moritzino« am Piz La Ila oberhalb von La Villa.

Mit Kehrschaufel und Besen hantiert Besitzer Moritz herum und mault über den Dreck vor seiner Tür. Ende der 1960er-Jahre hat er mit seiner einfachen Holzhütte begonnen, und nun findet man ein Bergrestaurant, wo sich VIPs und Feinschmecker des Alta Badia treffen. Für seine ambitionierte Küche vollbringt er einen täglichen Kraftakt, denn jeden Morgen wird der frische Fisch von der Adria angeliefert, liegt nur handgemachte Pasta auf dem Teller.

Wer es ungezwungener mag, geht in die urige Berghütte, wo unter fetziger Musik gerne der berüchtigte Wodka mit Pflaume seine Runde macht – eine etwas riskante Grundlage für wohlgesetzte Schwünge auf der anspruchsvollen Weltcup-Piste der Gran Risa, die unterhalb der Seilbahn nach La Villa führt.

DIE SEISER ALM – DIE GRÖSSTE HOCHALM IN EUROPA

Wenn morgens die erste Sonne auf das schroffe Gestein des Schlern fällt und der Tau auf den Wiesen der Seiser Alm glitzert, könnte man im Paradies angelangt sein. Eine große Stille liegt über der größten Hochalm Europas, denn mit einer speziellen Genehmigung öffnet sich die Schranke vor Kastelruth. Auf 2000 Metern Höhe lässt sich tagelang wandern und im Winter ganz entspannt Ski fahren. Nach etlichen Stunden Bewegung sollte man in die winzige Hütte der Gostner Schwaige einkehren. Dort kocht der junge Franz Mulser mit vielen Zutaten, die ihm die Seiser Alm liefert.

Gostner Schwaige: Tel. (03 47) 8 36 81 54, geöffnet mittags bis 17 Uhr, Mitte Juni bis Ende Oktober und von Weihnachten bis Ostern.

WEITERE INFORMATIONEN ZUR SELLA RONDA

Scotoni-Hütte auf der Alpe Lagazuoi: Tel. (04 71) 84 73 30
Club Moritzino auf dem Piz La Ila: Tel. (04 71) 84 74 03
Websites: www.visitdolomites.com, www.dolomitisuperski.com, www.altabadiaski.info

Die Seiser Alm liegt auf 2000 Metern Höhe und ist die höchste Alm Europas. Im Sommer ein Blumenmeer und im Winter ein beliebtes Ziel für Skifahrer, die gemütliche Pisten suchen.

Oberitalien

3 Der Vinschgau – Kreativität ist sein Markenzeichen

Wehrhafte Burgen und üppige Natur

Vom Reschenpass bis nach Meran verläuft der Vinschgau. Bekannt für seine Trockenheit und den scharfen Oberwind, ist er ein Tal voller Gegensätze. Im oberen Vinschgau entspringt die Etsch und schlängelt sich als temperamentvoller Gebirgsbach das Tal hinunter. Man schaut auf tief verschneite Berge der Ortlergruppe, auf das Grün der Apfelplantagen, das karge Braun des Sonnenbergs, bis sich der Vinschgau kurz vor Meran ins weite Etschtal öffnet.

Oben: Der Reschensee ist berühmt für seinen Kirchturm, der aus dem Wasser ragt: letztes Symbol eines gefluteten Dorfes. Unten: Die harschen Oberwinde des Vinschgaus machen Gleitschirmfliegen zu einem rasanten Abenteuer. Rechte Seite: Reinhold Messner ließ Schloss Sigmundskron zum Messner Mountain Museum umbauen.

Schon immer war der Vinschgau für seine intelligenten und kreativen Bewohner bekannt, für bekannte Künstler wie Paul Flora, Karl Plattner oder Jörg Hofer. Auch die Architekten haben sich einen Namen gemacht, wie Walter Dietl, Arnold Gapp oder Werner Tscholl. Wer aufmerksam auf der Reschenstraße fährt, wird manches ungewöhnliche Gebäude sehen und voller Erstaunen feststellen, wie harmonisch sich alte Bauernhäuser mit gradliniger Architektur vertragen.

Die Architektur von Werner Tscholl

Längst vergessen sind die bissigen Kommentare zum »Rizzi-Turm«. Dabei ist das Wohnhaus, das Mitte der 1990er-Jahre gebaut wurde, vom Tal aus nur schemenhaft zu erkennen. Man muss sich in die Seilbahn setzen oder die schmale Straße nach St. Martin am Kofel hinauffahren, um diesen eigenwilligen Rundling aus gelbem Stein zu sehen. Inmitten der mageren Vegetation des Sonnenbergs recken sich penibel aufgerichtete Trockenmauern in die Höhe, viel Glas und Stahl bestimmen den Wohnraum und das Fehlen jeder alpenländischen Verzierung verleiht diesem Gebäude in einer Umgebung stämmiger Bauernhäuser eine ungewöhnliche Ausstrahlung. Auch der Garten zeigt keine Orgien aus Geranien und Petunien, sondern einen Teich, ganz dezent umrahmt von Kräutern und Bergblumen. Eigentlich wollte der Besitzer, Walter Rizzi, eine Burg kaufen, doch auch im einst wehrhaften Südtirol sind die mittelalterlichen Prestigewohnsitze zu einer Mangelware geworden. »Mit diesem Haus habe ich einen Bergfried nachempfunden«, sagt Werner Tscholl, der Ideengeber sei die Burgruine Rotund bei Taufers.

Oben: Bei Prozessionen, wie hier in Schlanders, wird die typische Tracht getragen. Mitte: Mächtige Burgen, wie im Vinschgauer Kastellbell, sind überall in Südtirol zu sehen. Unten: Der Architekt Werner Tscholl mit seinem Aushängeschild, dem »Rizzi-Turm«. Rechte Seite unten: Mittelpunkt der Gärten von Trauttmansdorff ist das eindrucksvolle Schloss.

Oberitalien

Verbindung von Tradition und Moderne

Im unteren Vinschgau geboren, sieht Werner Tscholl seine Heimat als ideales Umfeld für seine Projekte. »Hier kenne ich Farben und Baustoffe und bin in den Traditionen zu Hause.« Besser als in Südtirol kann dieser Architekt seine Leidenschaft für Burgen nirgendwo ausleben, immerhin gibt es 90 davon. Wie die Fürstenburg bei Mals, die im Besitz des Landes Südtirol ist und als landwirtschaftliche Schule einen zeitgenössischen Anbau erhielt; oder die Renovierung von Schloss Schlandersburg mit seinem bezaubernden Arkadenhof, wo die Bibliothek und öffentliche Ämter der Gemeinde Schlanders zuhause sind. Auf einer Hügelkuppe sitzt weithin sichtbar das Renaissanceschloss Schlandersberg, in das Werner Tscholl großzügige Wohnungen integrierte. Auch er selbst lebt in einem ehemaligen Wehrturm, allerdings nur in seiner Freizeit. Im Juni 2006 wurde die Burg Sigmundskron bei Bozen als Messner Mountain Museum vorgestellt. Etliche Jahre zuvor hatte Werner Tscholl schon das Messner Museum in Sulden realisiert und mit dem MMM Firmian ist ihm ein Meisterstück gelungen. Die Auflagen des Landes Südtirol waren hoch: Alle Eingriffe sollten jederzeit revidierbar sein und die historische Substanz musste unangetastet bleiben. So geschah ein zarter Eingriff für den Zeitgeist, und wieder kamen seine Lieblinge zum Einsatz: Glas, Eisen und Stahl. Materialien, die ihre Umgebung leben lassen und oftmals noch hervorheben. Mit dem Schlagwort »geometrische Urkraft« könnte man seine Arbeiten überschreiben, eine Reduzierung auf das Wesentliche mit ganz klaren Linien. Wer ein Haus von Werner Tscholl haben will, muss sich seinen Ideen unterordnen. Schnörkellos und wenig kompromissbereit zeigt sich der Vinschgauer, der zehn Jahre als Lehrer für technische Erziehung arbeitete, bevor er die ersten Aufträge als Architekt erhielt. Doch heute gehört ein Haus von Werner Tscholl zum Aushängeschild eines modernen Südtirols. Das macht den Architekten aus dem Dörfchen Latsch ein wenig verlegen.

Die Gärten von Schloss Trauttmansdorff

Das milde Klima von Meran ließ schon immer Gartenträume wahr werden, auch Pflanzen aus exotischen Gegenden gedeihen mühelos in diesem geschützten Talkessel. Nach sieben Jahren Bauzeit wurden die Gärten von Trauttmansdorff, die auf zwölf Hektar 60 verschiedene Gartenwelten vorstellen, im Juni 2001 eröffnet. Mittelpunkt der Anlage ist das imposante Schloss aus der Mitte des 19. Jahrhunderts, das ein Museum zur Landeskunde und ein Restaurant beheimatet.

Es ist kurz nach vier Uhr nachmittags, und langsam verabschiedet sich die Sonne. Plötzlich fegt ein kühler Wind durch die Bäume, und unzählige Blätter segeln zu Boden, bleiben als rote und gelbe Herbstboten auf den Wegen liegen. In diesen Wochen bietet sich ein Festival der Farben, denn mit dem weichen Licht der letzten Strahlen glühen Ahorn und Eichen in kräftigem Rot und dunklem Gelb, dazwischen schimmert das sanfte Gelb von Lärchennadeln. Noch rascheln Palmen und Bambus in

Der Vinschgau – Kreativität ist sein Markenzeichen

sattem Grün, doch bald müssen sie eingepackt werden, um den Winter zu überstehen. Durch den Wind treiben kleine Wellen über den Teich und benetzen die großen Blätter der Seerosen, ihre dicken, weißen Blüten sind längst verwelkt. Nun lenkt das Pampasgras mit seinen champagnerfarbenen Rispen, die an Puderquasten erinnern, alle Aufmerksamkeit auf sich. Ein paar chinesische Enten suchen Schutz vor der plötzlichen Kühle und watscheln ans Ufer. Einzig die orangefarbenen Dahlien scheinen den Rest Licht aufzusaugen und erstrahlen wie kleine Sonnen in der frühen Abendstimmung. Der erste neue Schnee schimmert von den Bergen der Texelgruppe, während die Eingänge zum Passeiertal und dem Vinschgau noch die Atmosphäre des Herbstes festhalten. Mit der nahenden Dämmerung haben die meisten Besucher die Gärten verlassen, und eine große Ruhe liegt über den vereinsamten Wegen. Der berühmteste Gast auf Schloss Trauttmansdorff war zweifellos die österreichische Kaiserin Sisi, die im Oktober 1870 mit ihrer kränkelnden Tochter Marie Valerie nach Meran kam. Damals ließ die wanderfreudige Kaiserin einen »anmuthigen Fußpfad mit feinem Kies« bestreuen, um weitläufige Spaziergänge zu unternehmen. Diese »Sisi-Promenade« führt durch einen Flaumeichenwald, in dem uralte Steineichen wachsen, die zu Zeiten der Habsburger gepflanzt wurden. Auch die Schwertlilien sollen aus den kaiserlichen Zeiten stammen. Dann erreicht man eine eigenwillige Aussichtsplattform, wo man durch ein angedeutetes Fernglas ins weite Etschtal und auf die Meraner Bergwelt schaut. Dieses Binokular wurde vom bekannten Architekten Matteo Thun entworfen.

TIPP: DAS ATELIER VON JÖRG HOFER

Ein gewaltiges Tor aus Holz und Stahl muss man öffnen, um ins Atelier von Jörg Hofer zu gelangen. In einem ehemaligen Stadel, umgebaut von Werner Tscholl, entstehen die Bilder des Künstlers aus Laas. Über dem Dorf liegen die berühmten Marmorbrüche, von dort kommt das Arbeitsmaterial für Jörg Hofer, denn das feine Steinpulver gibt seinen Bildern die Reliefstruktur. Dann fährt er mit einem stabilen Rechen über die Leinwand, und in diesen Rillen verteilt sich später die Farbe und entwickelt ein Eigenleben. Man spürt die Energie der Krakel, in ihren Vertiefungen können sich Harmonie oder Aggression sammeln. »Ich möchte keine schönen Bilder machen«, sagt der Künstler. Nein, Salonkunst ist es nicht, zumal wenn Blech, verwittertes Holz oder ein alter Reifengummi das Archaische der Gemälde betonen.

WEITERE INFORMATIONEN ZUM VINSCHGAU

Kapuzinerstraße 10, Schlanders,
Tel. (0473) 73 70 00, www.vinschgau.is.it
Trauttmansdorff: St. Valentinstraße 15a, täglich geöffnet vom 15.5 bis 15.9 von 9 bis 21 Uhr, vom 16.9 bis 15.11 von 9 bis 18 Uhr, www.trauttmansdorff.it

Oberitalien

4 Der Gardasee, ein See mit Mittelmeerambiente

Beliebt bei Surfern und Genießern

Der Gardasee gehört zu den aufregendsten Landschaften Italiens. Im Norden fjordartig eingezwängt zwischen den Brescianer Bergen und dem Monte Baldo, öffnet er sich wie ein Fächer in den Süden und versöhnt mit milder mediterraner Atmosphäre. Gespeist durch Gebirgsbäche, fasziniert der größte See Italiens durch sein intensives Blau und eine Transparenz, die erst wieder im Golf von Neapel zu sehen ist.

Der Norden mit Riva und Malcesine

Der nördliche Gardasee ist das Mekka der Segler und Surfer, denn die ablandigen Winde lassen Boot und Brett über das Wasser fegen, verleihen das Gefühl von Schwerelosigkeit. Die Ora kommt pünktlich, und dann stürzen alle los, von einer Sekunde zu anderen verwandelt sich Herumlungern in konzentrierten Wettkampf mit Wind und Wellen. Das Städtchen Riva gehörte bis zum Ersten Weltkrieg zu Tirol, und noch heute verzaubert die Mischung aus österreichischem und italienischem Flair. Es ist beliebtes Ziel süddeutscher Wochenendurlauber, beim Bummel durch die Altstadt mit ihren Cafés und Boutiquen fühlt man sich in Italien angekommen. Eine echte Herausforderung für Mountainbiker bietet das gegenüberliegende Ufer des Gardasees mit dem 1745 Meter hohen Monte Baldo. Die wahren Könner radeln hinauf, doch viele nehmen das Mountainbike in die Seilbahn und sausen dann bergab. So oder so hat man sich danach ein »Chill-out« in dem Dörfchen Malcesine verdient. Sein Markenzeichen ist die imposante Skaligerburg, die auf einem Felsvorsprung thront. Daneben der Charme von venezianischer Architektur wie der Palazzo dei Capitani del Lago, ein ehemaliger Regierungssitz der Serenissima. Vor 200 Jahren ließ sich Goethe die 14 Kilometer von Torbole herüberrudern und äußerte sich hoch beglückt über diesen Ausflug. Heute muss man neun Straßentunnels durchqueren, im Sommer oftmals Stoßstange an Stoßstange.

Der Süden mit Gardone, Salò und Sirmione

Da wachsen Zitronen, können Palmen gedeihen, reifen Trauben zum kräftigen Rotwein des Bardolino. Der Süden des Gardasees ist eine Vorhut des Mittel-

Oben: Man trifft sich zum Aperitif in den Bars von Sirmione. Unten: Der Gardasee ist ein Mekka der Surfer. Rechte Seite oben: Berge, Seen und kleine Orte prägen die Landschaft um den Gardasee. Rechte Seite unten: Bunte Fassaden sind das Markenzeichen der Marina von Riva.

Oberitalien

Oben: Das Team der Vecchia Lugana.
Mitte und unten: Ein Sammelsurium aus Büchern, Antiquitäten und viel Kitsch ist im »Vittoriale degli Italiani«, der Villa des Dichters Gabriele d'Annunzio zu sehen. Rechte Seite oben links: Einer der eleganten Wohnsitze am Gardasee ist die Villa Pioppi in Sirmione. Rechte Seite außen: Sehr schick, das Lefay Resort.

meerklimas. Schon seit dem 19. Jahrhundert ist das elegante Gardone ein beliebter Ferienort und strahlt noch immer die Atmosphäre der Belle Époque, von flanierenden Damen mit verschleierten Hüten und Satinhandschuhen aus. Damals wie heute ist die Promenade ein charmanter Treffpunkt, dort, wo blühender Oleander und Orangenbäume das Mediterrane noch betonen. An klaren Tagen sieht man den Monte Baldo an der Ostküste, der bis in den Frühling eine weiße Haube trägt. Weil es so schick ist in Gardone, hat auch der Dichter Gabriele d'Annunzio (1863–1938) im Jahr 1920 entschieden, hier leben zu wollen. Als standesgemäßer Wohnsitz bot sich ihm eine gewaltige, in dunklem Gelb gehaltene Villa in einem traumhaft schönen Park. Die Räume sind angefüllt mit Skurrilitäten, Büchern und Antiquitäten und geben einen Einblick in die Gedankenwelt und Selbstinszenierung dieses schillernden Mannes. Zu seinen Lebzeiten wurde d'Annunzio überschwänglich gefeiert, sein aufwendiger Lebensstil und seine zahllosen Affären, unter anderem mit der Schauspielerin Elenora Duse, bewegten die gesellschaftliche Welt. Seine Prunkvilla hat er unter dem Namen »Vittoriale degli Italiani«, Siegesdenkmal der Italiener, dem Staat vermacht. Seine Werke sind heute beinahe vergessen, was auch mit seiner Nähe zum italienischen Faschismus und zu Benito Mussolini zusammenhängt.

Fondazione André Heller

Nur wenige Minuten entfernt, ebenfalls im mittelalterlich anmutenden Gardone di Sopra, liegt die Fondazione André Heller. Der paradiesisch anmutende »Orto botanico« wurde 1910 von dem deutschen Zahnarzt Arthur Hruska angelegt, der die Zähne des letzten Zaren, von Sigmund Freud und Winston Churchill behandelte. Der ambitionierte Hobbybotaniker wollte mit Pflanzen aus den Alpen und Tropengewächsen eine Art Weltgarten schaffen, und das milde Klima des Gardasees ließ beides vortrefflich wachsen. Im Jahr 1988 kaufte der Wiener Künstler André Heller die venezianische Villa und den Garten. Die Räume sind mit wunderbaren Kunstwerken dekoriert, und aus dem streng gegliederten botanischen Garten ist ein Zaubergarten geworden. Mit burmesischem Bambus, chilenischen Araukarien und Drachenbäumen von den Kanaren. Dazwischen stehen Kunstwerke wie eine Minipyramide von Roy Lichtenstein, das typische rote Männchen von Keith Haring, eine Skulptur von Mimmo Paladino, buddhistische Gottheiten, und über allem wehen tibetische Gebetsfahnen. Rund 80 000 Besucher flanieren jedes Jahr durch 13 000 Quadratmeter unterhaltsame Paradieswelt, und mit viel Glück kann man den Obergärtner André Heller sehen: »Ich gebe Geld aus für etwas, was Zinsen in sinnlichster Weise abwirft.«

Zauberhaftes Salò

Salò ist eng mit dem Namen des Diktators Mussolini verbunden, der hier – nachdem er aus Rom vertrieben worden war – mit Hilfe der Deutschen eine faschistische Gegenregierung aufbaute. Er blieb eine Marionette der deutschen SS, wohnte in der Villa Feltrinelli in Gargnano und vergnügte sich mit seiner

Geliebten Clara Petacchi in der Villa von d'Annunzio, den er sehr verehrte. Die Republik von Salò dauerte von September 1943 bis April 1945. In einem deutschen Konvoi versuchte Mussolini nach dem Zusammenbruch der deutschen Front in Norditalien zu fliehen, doch er wurde von Partisanen erkannt und am Comer See erschossen. Im Museo della Repubblica Sociale di Salò wird diese Zeit vorgestellt.

Vor Mussolini kannte kaum jemand das heute 10 000 Einwohner große Salò, und hinterher ist es gleich wieder bedeutungslos geworden. Es ist aber ein zauberhafter Ort mit einem bedeutenden Dom, mit schönen Geschäften in der Via Butteri und Via San Carlo. Nach dem Einkaufsbummel zu einem Kaffee in die »Bar Italia« an der Uferpromenade, um ein wenig die Schickeria von Salò zu betrachten!

Am südlichen Ende: Sirmione

Heiße Schwefelquellen machten Sirmione schon in der Antike zu einem beliebten Badeort. Der große römische Dichter Catull soll hier ein Landhaus besessen haben. Allein die Lage des Ortes auf einer schmalen Halbinsel, die vier Kilometer in den Gardasee hineinragt, muss begeistern. Eine ehemalige Zugbrücke führt in das autofreie historische Zentrum. Blickfang ist die Wasserburg der Skaliger, die 1250 von Mastino I. della Scala gegründet wurde. Vom 30 Meter hohen Turm Mastio bietet sich ein unvergesslicher Blick über den Gardasee. Die wehrhafte Burg ist ein schönes Ziel für einen frühabendlichen Spaziergang. Ebenso die sogenannten Grotten des Catull, das Fundament einer römischen Villa, die aber mit dem Dichter Catull nichts zu tun hatte und wohl auch erst nach seinem Tod, im 1. bis 2. Jahrhundert n. Chr., erbaut wurde.

Dann wird es Zeit für ein Abendessen am Seeufer, zum Aperitif ins »Privé della Vecchia Lugana« und dann zum Abendessen in die legendäre »Trattoria Vecchia Lugana«. Während die Sonne langsam im Gardasee versinkt, werden die Felchen-Ravioli in Haselnussbutter serviert. Als Hauptgang habe ich Corregone-Filets mit Basilikumsauce bestellt. Als der Espresso serviert wird, ist es längst dunkel und still geworden (Piazzale Vecchia Lugana 1, Tel. (030) 919012).

LEFAY RESORT

Ein neues Schmankerl wartet auf die Liebhaber schicker Hotels am Gardasee. Auf einem Hügel bei Gargnano entsteht das Lefay Resort, ein 5-Sterne-Hotel mit Spa. Ohnehin ist die Gegend um Gargnano von den Ferienvillen der reichen Familien aus Brescia und Mailand geprägt, die inmitten von Olivenhainen stehen. Auch das Lefay Resort mit seinen 90 Zimmern und Suiten liegt in einem Park von elf Hektar, wo Oleander, Zitronenbäume, Palmen und Zedern ein mediterranes Ambiente schaffen. Viel Wert wird auf den lokalen Touch gelegt, mit feinsten Stoffen und Möbeln aus dem lokalen Oliven- und Walnussholz. Nur wenige Kilometer entfernt verzaubert Gargnano mit verwinkelten Gassen, kleinen Läden und einer Uferpromenade mit beschaulichem Hafen. Das Lefay Resort wird im Sommer 2008 eröffnet. Via E. Fermi 7/B, 25087 Salò, Tel. (0365) 41760, www.lefayresorts.com

WEITERE INFORMATIONEN ZUM GARDASEE

Viale Marconi 2, Sirmione,
Tel. (030) 91 61 14,
Websites: www.lagodigarda.it,
www.vittoriale.de, www.hellergarden.com

Oberitalien

5 Brescia: diskreter Reichtum in alten Steinen

Aushängeschild des reichen Nordens von Italien

Keine andere Stadt in Oberitalien kann so viele bedeutende Monumente aus den verschiedenen Epochen der Geschichte vorweisen wie Brescia. Heute ist die zweitgrößte Stadt der Lombardei ein bedeutender Industriestandort, wo viel Geld mit Waffen und Maschinenbau verdient wird. Doch in so manchem Gebäude hat sich der Einfluss der venezianischen Serenissima erhalten und verleiht dem Zentrum eine charmante Stimmung.

Oben: Gewaltig wirkt das Kuppelgewölbe des Duomo Nuovo. Unten: Im Museo Civico di Santa Giulia sind viele Fresken freigelegt worden. Rechte Seite oben: Als architektonischer Solitär prägt der Palazzo della Loggia das Zentrum von Brescia. Rechte Seite außen: Zur Piazza della Loggia gehört auch die astronomische Uhr.

Brescia erlebte als römisches »Brixia« eine glänzende Epoche. Davon zeugen die Ausgrabungen auf der Piazza del Foro, sie bildete das Zentrum des bürgerlichen und religiösen Lebens. Im Norden begrenzt durch einen kapitolinischen Tempel, dessen Vorhalle mit seinen fünf Säulen zu sehen ist, und im Süden durch das Gericht, die Basilika. Die heutige Via dei Musei, die davor verläuft, war der östliche Abschluss des römischen Decumanus maximus auf der Linie Verona–Bergamo. Reste des alten Pflasters sind noch zu erkennen.

Nur ein paar Schritte weiter, in einem ehemaligen Benediktinerinnenkloster, ist das Museo Civico di Santa Giulia untergebracht. In dem mittelalterlichen Komplex, der Mitte des 8. Jahrhunderts das Refugium von Langobardenkönig Desiderius war, werden 2000 Jahre Geschichte dieser Region ausgestellt. Allein der Weg durch die Gebäude ist schon eine Zeitreise: von den Mosaiken einer römischen Villa über die langobardische Kirche von San Salvatore bis zur eleganten Renaissancekirche von Santa Giulia. Der Stolz der Sammlung sind das mit Edelsteinen besetzte Kreuz des Desiderius aus dem 9. Jahrhundert, eine Lipsanothek, ein mit Elfenbein belegter Reliquienschrein und die fast zwei Meter große bronzene Statue der »Vittoria alata«. Sie ist die bekannteste antike Skulptur Norditaliens und wurde bei Ausgrabungen 1826 gefunden.

Der Dom und die Piazza della Loggia

Ein eigenwilliges Ensemble bildet der Dom von Brescia. Fast ein wenig verloren schmiegt sich die romanische Rotunde des Duomo Vecchio an die hell glänzende Marmorfassade des viel

größeren Duomo Nuovo. In jener Phase der Barockisierung von Kirchen begann man 1604 mit dem Umbau, aber die Vollendung dauerte gut 200 Jahre, und so reckt sich die gewaltige Kuppel ganz klassizistisch in den Himmel. Der schönste Platz in Brescia ist die Piazza della Loggia, eine Art kulturelles Geschenk der Serenissima an Brescia, denn im Jahr 1426 schloss sich die Stadt der »Terra ferma« an, dem Hoheitsgebiet Venedigs. Im Mittelpunkt steht die Loggia, der damalige Regierungssitz, dessen erster Stock von den berühmten Architekten Andrea Palladio und Jacopo Sansovino gestaltet wurde. Durch die Dachform eines umgestülpten Schiffsbauchs erinnert sie an die Loggien in Vicenza und Padua. An der Südseite liegen die Pfandhäuser Monti di Pietà und an der Ostseite schaut man auf eine astronomische Uhr mit zwei Figuren, die seit 1581 die Stunde anschlagen.

Piazza della Vittoria – Startplatz der Mille Miglia

Auf dem zweifarbigen polierten Marmorboden der Piazza della Vittoria, dem Aushängeschild des faschistischen Brescias beginnt das Straßenrennen der Mille Miglia. Dann rollen Ende Mai die schönsten Oldtimer aus der ganzen Welt an den Start für 1000 Meilen durch Italien. Es ist ein kostspieliges *vedere e fa vedere*, denn die aufpolierten Autos sind oftmals Hunderttausende von Euro wert. Bewacht mit Argusaugen und von zahllosen Mechanikern betreut, denn ohne die »Schrauber« würde so manche Benzinkutsche kaum über den Stadtrand von Brescia hinauskommen. Es begann 1927 als schweres Autorennen über öffentliche Straßen. Zu den prominenten Gewinnern gehörten Rudolf Caracciola (1931) und Stirling Moss (1955), beide auf Mercedes. Dabei schaffte der Engländer einen Rekord mit einer Durchschnittsgeschwindigkeit von 157 Stundenkilometern und benötigte etwas mehr als zehn Stunden für die 1600 Kilometer. Im Jahr 1957 ereignete sich ein Unfall mit mehreren toten Zuschauern, und das berühmte Autorennen wurde untersagt. Es dauerte 20 Jahre bis zu einem Neubeginn, diesmal als »Mille Miglia Storica« neu aufgelegt, bei der nur noch Oldtimer zugelassen sind. Nichts hat dieses Autorennen von seiner Faszination verloren, im Jahr 2007 waren 375 Teams am Start, der größte Anteil mit 80 Teilnehmern reiste aus Deutschland an.

ZWISCHEN MANTUA UND CREMONA: DAS RESTAURANT »DAL PESCATORE«

Eine gute halbe Stunde südlich vom Gardasee liegt das Restaurant »Dal Pescatore«. Entstanden aus einer Fischerhütte am Oglio-Fluss, das der Großvater des Besitzers 1925 kaufte, findet man heute eines der Drei-Sterne-Restaurants Italiens. Nadia Santini steht am Herd und ihre Liebe gilt den lokalen Produkten. Eine *cucina casalinga*, wo man bei einem Teller Nudeln ins Schwärmen geraten kann. Auch ihr Safranrisotto mit den gehobelten Artischockenstückchen ist schlicht unerreicht. Als besondere Spezialität gilt *anguilla alle braci*, der Aal vom Holzkohlengrill, und der Fisch kommt aus dem Oglio-Fluss. Bei den Desserts zaubert Nadia Santini einen Salat aus Zitrusfrüchten, versetzt mit Akazienhonig und begleitet von einem Moscato-Sorbet.
Località Runate: Canneto sull'Oglio, Tel. (0376) 72 30 01.

WEITERE INFORMATIONEN ZU BRESCIA

Piazza della Loggia 6, Tel. (030) 240 03 57, www. comune.brescia.it

Oberitalien

6 Die Weinregion Franciacorta: die »italienische Champagne«

Üppiges Hügelland und traditionelle Sommerfrische

Schon zu Zeiten der Herrschaft Venedigs verbrachte der Adel von Brescia die heißen Sommermonate in der Franciacorta, die sich im Nordwesten der Stadt bis zum Iseo-See entlangzieht. Eine Landschaft aus sanften Hügeln, kleinen Ortschaften mit rustikaler, mittelalterlicher Architektur und bedeutsamen Kirchenbauten, aber auch mit eleganten Landhäusern und vielen Weinbergen.

Bereits den Römern war das Potenzial dieser Region als Weinanbaugebiet bekannt, doch es geriet in Vergessenheit und wurde erst in den 1970er-Jahren von Industriemanagern aus Mailand und Brescia wiederentdeckt. Die Franciacorta ist berühmt für ihren Schaumwein, und heute werden jedes Jahr rund vier Millionen Flaschen des Aushängeschildes »Franciacorta DOCG« abgefüllt, des einzigen Spumante Italiens, dem diese höchste Auszeichnung verliehen wurde. Er wird aus den Rebsorten Chardonnay, Pinot Noir oder Pinot Bianco hergestellt. Die Gärung dauert 25 Monate, davon muss der Schaumwein 18 Monate in der Flasche gären. Auch in »Harry's Bar« in Venedig wird der Pfirsichextrakt des berühmten Bellini mit Franciacorta aufgefüllt. Beinahe 50 Weingüter zählt die »italienische Champagne«, deren einflussreichste Produzenten »Ca' del Bosco« und »Bellavista« sind. Eine Spumante-Produktion kostet fünfmal so viel wie ein »normales« Weingut und verlangt strategisches Denken, deshalb engagieren sich dafür häufig keine Bauern, sondern Manager aus ganz anderen Branchen. »Ca' del Bosco« gehört dem Transportunternehmen der Familie Zanella, und Vittorio Moretti, der Inhaber von »Bellavista«, kommt aus dem Baugeschäft. »Bei uns werden die Trauben von Hand gelesen, mit sanftem Druck ausgepresst und während der Gärung von Hand gedreht«, erklärt Mattia Vezzola, der seit 1984 als Önologe auf »Bellavista« arbeitet. 1977 gründete er das Weingut und verfügt heute über 160 Hektar.

Genießen auf der Strada della Franciacorta

In dem Örtchen Mandolossa bei Brescia beginnt die 80 Kilometer lange Weinstraße der Franciacorta, die in Paratico am Iseo-See endet. Es geht über Gussago, dann weiter nach Osten nach Cella-

Oben und unten: Die Landschaft der Franciacorta ist bekannt für ihre Weine und berühmt für ihre Schaumweine. Nur die besten Produkte eines Jahres reifen in Eichenfässern. Rechte Seite unten: Die Mehrheit der vier Millionen Flaschen kommt aus Stahlfässern. Rechte Seite oben: Wandfresko und Kerzenleuchter spiegeln sich in einem Platzteller.

Die Weinregion Franciacorta: die »italienische Champagne«

tica, dem ältesten Anbaugebiet der Franciacorta. Sehr charmant ist Calino mit seinen herrschaftlichen Villen und Laubengängen. Mittendrin liegt die »Hauptstadt« Erbusco, schon seit dem 16. Jahrhundert ein Ferienziel des Mailänder und Brescianer Adels. Eindrucksvolle Häuser wie die Villa Lechi zeugen von den reichen Gästen. Die Entstehung des Ortes Provaglio d'Iseo ist eng mit dem romanischen Kloster San Pietro in Lamosa verbunden. Es steht auf Fundamenten eines römischen Tempels und stammt aus dem 11. Jahrhundert. Das Gebäude wurde den Mönchen von Cluny geschenkt, die während vier Jahrzehnten dort lebten. Die schönen Fresken stammen von einem unbekannten Künstler.

Romantische Welt am Iseo-See

Wie Phoenix aus der Asche ragt der 600 Meter hohe Berg von Monte Isola aus dem Iseo-See. Es ist eine Welt für sich, in den malerischen Fischerdörfchen Sensole, Siviano, Cure oder Menzino geht die Zeit etwas langsamer. Am Ufer hängen die Fischernetze zum Trocknen, denn in dem tiefen See mit seinem sauberen Wasser schwimmen zahllose Saiblinge und Schleien. Es gibt sehr gute Restaurants, die regionale Spezialität heißt »sardine alla griglia«: zehn verschiedene Fischsorten, die in der Sonne getrocknet, dann mehrere Monate in Öl gelegt und schließlich gegrillt werden. Nach dem Essen flanieren die Besucher durch die engen Gassen oder durch Kastanienwälder, vorbei an kleinen Stränden. Auf dem Gipfel des Inselberges hat man einen herrlichen Rundblick auf den See und die bewohnten Inselchen Isola di Loreto und Isola di San Paolo. Beide sind in Privatbesitz und gehören der Brescianer Familie Beretta, der weltbekannten Dynastie von Waffenherstellern. Manchmal sieht man am Steg ein Riva-Boot. Der Rolls-Royce unter den Sportbooten wird in Sarnica am Iseo-See hergestellt und ist der Inbegriff von klassischer Schönheit und gewaltig vielen Pferdestärken.

HOTEL-RESTAURANT »L'ALBERETA« IN ERBUSCO

»L'Albereta« liegt auf einem Hügel oberhalb des Iseo-Sees und im Gebiet des Weinproduzenten von Bellavista. Seit 15 Jahren steht Gualtiero Marchesi am Herd des Restaurants »L'Albereta«, der Seigneur raffinierter italienischer Küche. Einst legendär für seinen Risotto mit Safran und Goldplättchen und seine »offenen Ravioli«. Beide Gerichte lassen sich wunderbar mit den *bollicine* genießen, wie die Schaumweine aus der Franciacorta heißen.
Website: www.albereta.it

GOLFCLUB FRANCIACORTA

Sechs Kilometer von »L'Albereta« entfernt liegt der Golfclub Franciacorta. Der Platz wurde 1986 in der hügeligen Landschaft ehemaliger Weinberge angelegt. Es ist ein Meisterschaftsplatz mit hoher sportlicher Qualität.
Informationen: Via Provinziale 34, Cortafranca, Tel. (030) 98 41 67

WEITERE INFORMATIONEN ZUR FRANCIACORTA

Associazione Strada del Franciacorta: Via G. Verdi 53, 25030 Erbusco, Tel. (030) 776 08 70, www.stradadelfranciacorta.it

Oberitalien

7 Verona – römisches Juwel an der Etsch

Die Stadt der Verliebten

Die Stadt erweist dem Fluss ihre Reverenz, denn die markanten Gebäude Veronas stehen dort, wo die Etsch in großen Bögen die Stadt durchzieht. Es begann mit den Römern und ihrer Arena, das Herzstück bildet die Piazza dei Signori und am Ende des Flussbogens liegt Castelvecchio, die mittelalterliche Burg der mächtigen Skaligerfürsten. Dann kamen die Venezianer und verzierten die Stadt mit ihren Palästen.

Neben Adel und Großbürgertum hinterließen die Habsburger auch die Liebe zur klassischen Musik, im Sommer ist Verona vor allem ein Mekka der Oper. Nirgendwo finden die Werke von Verdi und Puccini eine grandiosere Bühne als in der Arena. Schon am frühen Abend trifft man sich auf der Piazza Brà, dann wird der weite Platz von erwartungsvollen Stimmen überflutet.

Opernfestspiele in der Arena

Seit 1913 finden Festspiele in der Arena statt, die erste Vorstellung wurde zu Ehren des 100. Geburtstages von Giuseppe Verdi gegeben – natürlich die »Aida«. Seitdem ist diese Oper ein Publikumsmagnet, ebenso wie »Nabucco« von Guiseppe Verdi. Jedes Mal liegt eine gespenstische Stille über der riesigen Bühne, wenn die Musik für den Gefangenenchor aus »Nabucco« beginnt. Da kann sich keiner von der Emotion des »Va pensiero, sull'ali dorate« freimachen.

Es ist eine Art Nationalhymne Italiens, zu Verdis Zeiten eine politische Botschaft ans habsburgische Österreich, das als Besatzung empfunden wurde.

Einkaufsbummel zur Piazza delle Erbe

Am frühen Morgen wird eifrig gekehrt, denn neue Besucher strömen nach Verona und flanieren von der Piazza Brà über die Fußgängerzone Via Mazzini, einstmals ein elegantes Viertel, doch heute eine Touristen-Rennstrecke mit Billigläden. Die feinen Boutiquen haben sich in der Parallelstraße, dem Corso Porta Borsai, angesiedelt. Er bildet das untere Ende des Corso Cavour, der am Skaligerschloss Castelvecchio beginnt, an Stadtpalästen vorbeiführt und mit dem imposanten Eingangstor der Porta Borsai in einer bunten Shoppingmeile endet. Beide Straßen münden in die Piazza delle Erbe, ehemals ein Kräutermarkt, der aber heute von Ständen mit

Oben: Die Festspiele in der Arena locken Tausende von Musikliebhabern an. Unten: Bis an die Decke reichen die Regale mit kulinarischen Schmankerln in der alten Salumeria. Rechte Seite: Die bunten Fassaden der Kaufmannshäuser an der Piazza delle Erbe. Rechts außen: ein Keramikteller mit der weltbekannten Szene von Romeo und Julia.

Touristenkitsch überschwemmt ist. Nur wenn am Wochenende die Stände geschlossen bleiben, sieht man das elegante Areal, das schon seit 2000 Jahren als Marktplatz genutzt wird. Im Zentrum der zauberhafte Brunnen, daneben erinnert die Statue mit dem Markuslöwen daran, dass Verona lange unter venezianischer Herrschaft stand. Eingerahmt wird die Piazza delle Erbe von dem Patrizierhaus des Palazzo Maffei mit seinen Statuen in der Fassade und der Casa dei Mercanti.

Stattliches Zentrum: die Piazza dei Signori

Während sich hier die Besucher drängeln, herrscht wenige Meter weiter, abgetrennt durch den Arco della Costa, auf der Piazza dei Signori eine wohltuende Leere. Blickfang in diesem weiten, steinernen Areal sind der Backsteinbau des Torre dei Lamberti mit seinen 84 Metern und das Denkmal von Dante Alighieri in der Mitte des Platzes. Der Dichter weilte auf Einladung des herrschenden Bartolomeo della Scala um 1303 in Verona. Im Jahr 1302 war Dante aus seiner Heimat Florenz verbannt worden und reiste in den folgenden Jahre durch Oberitalien. Die Piazza dei Signori ist ein stolzes Aushängeschild der einstigen Bedeutung Veronas, gesäumt von der eleganten Loggia del Consiglio, der Ratskammer von 1493, dem festungsartigen Palazzo del Capitano, des Stadtkommandanten, und dem Palazzo della Ragione, dem Justizpalast, mit seiner imposanten Freitreppe im Innenhof.

Anziehungspunkt für alle Verliebten

Das größte Interesse der Touristen gilt – neben der Arena – dem Haus der Julia. Die tragische Liebe von Giulietta Capuleti und Romeo Montecchi, erdacht von Luigi da Porto aus Vicenza um 1530 und von William Shakespeare zur berühmtesten Liebesgeschichte der Welt gemacht, hat zahllose Dichter inspiriert und ließ Verona zur Stadt der Verliebten werden. Dabei ist alles nur Show: Die Casa di Giulietta in der Via Capello 21 ist ein restauriertes mittelalterliches Haus, und der weltbekannte Balkon, den Romeo hinaufgeklettert sein soll, ist ein antiker Sarkophag. Im Hof steht eine bronzene Statue des unglücklichen Mädchens – das Berühren soll Glück bringen. Ganz blank gerieben ist ihre rechte Brust.

»HOTEL GABBIA D'ORO«

Wie eine Insel der Seligen empfindet man das Hotel »Gabbia d'oro«. Noch eben in den sommerlichen Menschenmassen auf der Piazza delle Erbe, liegt nur wenige Schritte entfernt ein Dorado der Ruhe und gelassenen Zurückhaltung. In dem Palast aus dem 18. Jahrhundert wird man umgeben von gediegener Opulenz in Rot: beim dicken Teppich, bei den Polsterstoffen und dem Blumenschmuck auf der Terrasse. Corso Porta Borsai 4, 37121 Verona, Tel. (045) 800 30 60, www.hotelgabbiadoro.it

REIS AUS VENETIEN

Im Süden von Verona, rund um das Städtchen Isola della Scala, liegen die Reisfelder von »bassa veronese«. Seit fünf Generationen drehen sich dort die Reismühlen bei der Antica Riseria Ferron. Noch immer werden die Mörser von einem Wasserrad angetrieben und befreien den Reis ganz sanft von seiner Schale. Berühmt ist der Vialone nano, das perfekte Reiskorn für ein Meeresfrüchterisotto.

WEITERE INFORMATIONEN ZU VERONA

Piazza delle Erbe 38, 37121 Verona, Tel. (045) 800 69 97, www.tourism.verona.it

Oberitalien

8 Vicenza, die Stadt von Andrea Palladio

Paläste und ein berühmtes altes Theater

Nach Vicenza reist man wegen Palladio. Nirgendwo stehen mehr Paläste des beliebten Architekten, dessen Schaffenskraft in der wohlhabenden Stadt auf nahrhaften Boden fiel. Mit dem Eintritt in die Republik von San Marco 1404 schwappten die Stilmoden aus der Serenissima herüber, es entstanden prachtvolle gotische Bauten. Dann kam die Renaissance, die im 16. Jahrhundert ganz entscheidend von Palladio geprägt wurde.

Vicenza ist das Aushängeschild für die Werke von Andrea Palladio. In dieser Stadt fand der junge Paduaner Steinmetz einen einflussreichen Gönner in dem Dichter Giorgio Trissano, der ihm die Türen der Stadt öffnete. Palladios Liebe galt der Baukunst der Antike, die er während mehrerer Studienreisen nach Rom intensiv studierte, und noch heute begeistern seine Gebäude durch ihre klaren Linien, steht man staunend vor dem Ideal seiner Arkaden.

Die Piazza dei Signori

Mit der Basilica Palladiana auf der Piazza dei Signori begann seine steile Karriere. Das Gebäude war nie eine Kirche, sondern der Versammlungsort der Führungselite von Vicenza. Beinahe schwerelos wirkt die Basilika durch den doppelten Säulen-Bogen-Gang und fasziniert durch ihre klaren Linien.

Schräg gegenüber stehen die Arkaden der Loggia del Capitaniato. Es sollte die Residenz eines venezianischen Befehlshabers werden, der mit diesem Gebäude den Sieg von Lepanto 1571 gegen die Türken feiern wollte. Allerdings hatten die Pläne Palladios sieben Arkaden vorgesehen, wahrscheinlich fehlte es letztlich am Geld.
Der Architekt wurde überhäuft mit Aufträgen, und neben den vielen Villen auf dem Land schmückt sich auch das Zentrum von Vicenza mit dem berühmten Namen.
Im Dunstkreis der Hauptstraße Corso Palladio stehen allein elf imposante Stadtpaläste, teilweise so eng nebeneinander, dass die Betrachtung der Proportionen und Details schwerfällt. Mehr als einen Kilometer zieht sich die heutige Fußgängerzone durch die Stadt, und den Reichtum Vicenzas sieht man an

Oben: Das Denkmal des genialen Baumeisters Andrea Palladio. Unten und rechte Seite: Die Basilica Palladiana auf der Piazza dei Signori verblüfft durch ihre scheinbare Schwerelosigkeit. Rechts außen: Die Villa Rotonda im Süden von Vicenza ist das Meisterwerk Palladios.

den schönen Schuhgeschäften, ausgefallenen Modeboutiquen und verführerischen Eissalons.

Das Teatro Olimpico

An der Piazza Matteotti steht neben dem Palazzo Chiericati das Teatro Olimpico, das letzte Bauwerk von Andrea Palladio. Von der Accademia Olimpica wurde er beauftragt, ein Theater zu bauen, um klassische Tragödien aufzuführen. 1555 hatten 21 Bürger Vicenzas diesen Verein zur Förderung der klassischen Schauspielkunst gegründet, zu ihren Mitgliedern gehörten auch Andrea Palladio und sein Gönner Giorgio Trissino. Wenige Monate nach Baubeginn starb der Architekt 1580, das Gebäude wurde daher von seinem Schüler, Vincenzo Scamozzi, fünf Jahre später vollendet. Zur Eröffnung am 3. Mai 1585 spielte man das griechische Drama »Ödipus« von Sophokles. Noch heute ist das Theater unverändert, es gibt keine Heizung und keine Klimaanlage, um die Bausubstanz nicht zu schädigen. Es war das erste freistehende Theater seit der Antike: Der Zuschauerraum mit seinen 400 Plätzen zeigt die Form eines Amphitheaters, inspiriert von der Arena in Verona. Auf der Bühne hat Vincenzo Scamozzi einen faszinierenden Raum aus Holz und Stuck entstehen lassen, eine illusionistische Kulissenarchitektur, die die Straßen der griechischen Stadt Theben darstellen soll. Durch den leicht ansteigenden Bühnenboden und die perspektivische Malweise der Kulisse wird der Eindruck von großer Weite vermittelt. Die Decke ist mit den Göttern des Olymps geschmückt, während im Anteodeon die Szenen aus der ersten Aufführung und die zierlichen Öllampen der frühen Bühnendekorationen zu sehen sind. Heute finden im Frühling Konzerte statt, und von Anfang September bis Mitte Oktober ist die Zeit der »Cicli di Spettacoli Classici«, der klassischen Theaterstücke, gekommen. Die wenigen Plätze sind schnell ausverkauft, und gerne quetscht man sich auf die harten Holzbänke mit ihren kleinen braunen Kissen, nur um diese einmalige Atmosphäre zu genießen.

»Es ist etwas Göttliches in seinen Anlagen«, meinte Johann Wolfgang Goethe auf seiner Italienreise über Palladio, als er am 19. September 1786 die Stadt Vicenza besuchte und fasziniert vor den Säulen der Basilica Palladiana stand.

LA ROTONDA

Das Meisterwerk Palladios liegt vor den Toren Vicenzas, im Süden, kurz vor der Hügellandschaft der Colli Berici. Auf einer Anhöhe inmitten eines Parks steht die Villa Almerico alias La Rotonda. Der Bauherr war Paolo Almerico, ein Kleriker in Diensten des Papstes, heute ist sie im Besitz von Ludovico di Valmarana. Von allen vier Seiten führen Tempelfassaden mit sechs ionischen Säulen und imposanter Freitreppe ins Innere des Hauses. 1567 hatte Palladio mit dem Bau begonnen, der von seinem Schüler Vincenzo Scamozzi vollendet wurde. Von der Straße aus lassen sich die perfekten Proportionen gut betrachten, man ist begeistert von der vollendeten Einfachheit.

Via della Rotonda 45, Tel. (044) 432 17 93, Besichtigung Mitte Mai bis Anfang November, Außenanlagen Dienstag bis Sonntag, 10 bis 12 und 15 bis 18 Uhr, Eintritt: 3 Euro. Die Innenräume werden nur mittwochs geöffnet. Eintritt: 6 Euro.

WEITERE INFORMATIONEN ZU VICENZA

Piazza Matteotti 12, Tel. (044) 432 08 54, geöffnet täglich 9 bis 13 Uhr und 14 bis 18 Uhr, www.vicenzae.org

Oberitalien

9 Die Villen am Brenta-Kanal – elegantes Landleben

Repräsentative Domizile, von großen Architekten errichtet

In der Renaissance entdeckte man das »einfache Leben« auf dem Land. Die reichen Venezianer suchten Erholung im Grünen und verließen ihre Stadt wegen der typischen schwülen Sommerhitze, der »afa«, und dem üblen Gestank aus den Kanälen. In standesgemäßen Palästen verbrachten sie den Sommer, kontrollierten die Einnahmen aus ihren Ländereien und veranstalteten grandiose Feste, die oftmals mehrere Tage dauerten. Ihre Häuser dienten dem Vergnügen, im Piano nobile befanden sich die Gesellschaftsräume, im Obergeschoss die Schlafzimmer, im Keller waren die Küche und das Weinlager. Man frönte dem Glücksspiel, das in Venedig verboten war, und viele Gäste trugen Masken, um nicht erkannt zu werden.

Oben: Die Villa »La Malcontenta« gehört zu den ältesten und schönsten Villen am Brenta-Kanal. Unten: Auch weniger edle Häuser leben vom Charme der alten Wasserstraße. Rechte Seite unten: Wie ein Schloss wirkt die Villa Pisani. Rechts außen: Auf kleinen Motorschiffen geht es von Villa zu Villa.

Natürlich gehörten diese Paläste in der Terraferma, der Region östlich von Venedig, in das Programm der Grand Tour. Ein wichtiger Stopp galt schon damals der berühmten Villa Foscari, auch »La Malcontenta« genannt. Sie wurde um 1560 von Andrea Palladio für die Brüder Luigi und Nicolò Foscari gebaut. Zum Kanal gewandt, sieht man die typische Bauweise des Architekten, den tempelartigen Eingangsvorbau mit sechs ionischen Säulen. Seitliche Treppen führen in den Innenraum mit Fresken zu Szenen aus den Metamorphosen des Ovid. Nach dem Niedergang Venedigs hatte die Familie Foscari 1797 die Villa verlassen. Über 100 Jahre stand sie leer, erst 1925 wurde sie von Albert Landsberg restauriert. Heute gehört sie den beiden Architekten Antonio Foscari und Barbara del Vicario und ist damit wieder im Besitz der einstigen Familie. Der Geist des Hauses hat die Jahrhunderte überdauert, es diente immer der inneren Einkehr.

Villa Widmann

Nur wenige Kilometer entfernt, empfängt einen die pralle Lebenslust in der Villa Widmann. Das Haus wurde Anfang des 18. Jahrhunderts von der Familie Seriman, venezianischen Adligen persi-

Die Villen am Brenta-Kanal – elegantes Landleben

schen Ursprungs, gebaut und um 1750 von der Familie Widmann übernommen. Diese Villa diente nur dem Vergnügen; damals liebte man die Opulenz des Dekors, die aus Frankreich kam. Farbenfrohe Fresken ziehen sich über zwei Etagen, ein graziler Balkon im ersten Stock ließ das Treiben im Piano nobile genießen. An der Decke ist die Gloria der Familie Widmann zu sehen. Hinter der Villa liegt ein Hauch von Arkadien, ein Park mit Rosenbeeten, Skulpturen von Gottheiten und Nymphen, ein großer Teich mit Enten. Nach mehreren Eigentümerwechseln ist die Villa Widmann heute im Besitz der Provinz Venedig.

Villa Pisani

Die Königin aller Villen am Brenta-Kanal ist die Villa Pisani, genannt »La Nazionale«, denn ihre Pracht und Ausmaße erinnern mehr an ein Schloss als ein Landhaus. Der überaus reiche und lebenslustige Venezianer Alvise Pisani wollte ein kleines Versailles haben und ließ diese Villa 1736 von Francesco Preti bauen. Der große Park mit dem berühmten Labyrinth und die imposanten Stallungen stammen von dem Architekten Girolamo Frigimelica Roberti. Mit Pisanis Wahl zum 114. Dogen von Venedig im Jahr 1735 wurde die Villa mit ihren 114 Zimmern zum Mittelpunkt seiner prunkvollen Feste. Die Staatsgeschäfte der Republik interessierten ihn weniger.

Für das Deckengemälde im Ballsaal ließ er Gianbattista Tiepolo kommen, der von 1760 bis 1762 »La Gloria della Famiglia Pisani« malte, sein letztes großes Werk in Italien. Alvise Pisani starb 1741 auf dem Weg von Venedig zu seinem Landsitz. Die Villa ist ein Aushängeschild geblieben, 1807 kam Napoleon, um dieses Schloss für seinen Stiefsohn Eugène Beauharnais zu kaufen, den Vizekönig von Italien. 1934 trafen sich dort Hitler und Mussolini zu einem Gedankenaustausch. Der italienische Schriftsteller Gabriele d'Annunzio ließ sich vom Labyrinth für seinen Roman »Il fuoco« inspirieren, der seine Beziehung zu der Schauspielerin Elenora Duse beschreibt.

SCHIFFFAHRT AUF DEM BRENTA-KANAL

Schon vor 200 Jahren fuhr der erste *burchiello* auf der Brenta, das war ein einfacher Holzkahn, der flussaufwärts von Pferden gezogen wurde. Auch Goethe schipperte auf seiner Italienreise 1786 von Padua nach Venedig. In jedem Sommer reisten die Adligen aus der Lagunenstadt zu ihren Residenzen in der Nähe des Flusses. Damals dauerte die Reise drei Tage. Heute fahren Motorschiffe auf dem Brenta-Kanal, und bei einer Tagestour können die Besucher rund 50 Paläste sehen.

Informationen zur Bootsfahrt: www.ilburchiello.it, die Tagestour kostet 71 Euro und beginnt in Venedig an der Stazione marittima und in Padua am Busbahnhof Piazzale Boschetti; dort wird man von einem Bus zum Flusshafen gebracht.

WEITERE INFORMATIONEN ZU DEN VILLEN AM BRENTA-KANAL

La Malcontenta: Via dei turisti 9, Malcontenta di Mira, www.lamalcontenta.com
Villa Widmann Rezzonico Foscari: Via Nazionale 420, Mira Porte, www.venicetouristboard.com
Villa Pisani, »La Nazionale«: Via Doge Pisani 6, Stra Fossolavora, www.venicetouristboard.com

Oberitalien

10 Padua, die junggebliebene Pilgerstadt

Die alte Universitätsstadt lockt mit großen Namen

Padua ist eine der ältesten Städte Italiens, sie zeigt immer ein ganz junges und lebendiges Gesicht, denn Tausende von Studenten bevölkern von jeher Straßen und Plätze. Wie die Piazza dei Signori oder Piazza delle Erbe, wo man sich am späteren Nachmittag zum beliebten »lo Spritz«, einem Aperol mit Weißwein, trifft. Mühelos mischen sich Besucher und Einheimische, als Pilgerstadt war Padua immer an fremde Gesichter gewöhnt.

Oben: Der eigenwillige Prato della Valle ist der drittgrößte Platz Europas. Unten: Ein perfektes Gebäude ist die Loggia unweit vom Prato della Valle. Rechte Seite: In der Basilica di Sant'Antonio liegen die Reliquien des heiligen Antonius, der in Italien sehr verehrt wird.

Basilica di Sant'Antonio

Ein leichter Wind bewegt die weißen Opferkerzen an den Ständen auf der Piazza del Santo, dahinter steht die Basilika des heiligen Antonius, einer der bedeutendsten Orte der Christenheit. Padua ist eine traditionsreiche Pilgerstadt, denn der Franziskanermönch wird als Volksheiliger von vielen Italienern verehrt. Er gilt als Helfer in der Not, kann Fieber senken und helfen, verlorene Dinge wiederzufinden, und er kann den Reisenden vor Unbill schützen. Bis zu seinem Tod 1231 lebte er in Padua. Schon ein Jahr danach begann der Bau der Basilika, und noch heute gehen die Gläubigen andächtig an den Reliquien vorbei; ein schummeriges Licht fällt auf ein Stück seines Kiefers und Teile seiner Stimmbänder. Draußen auf der Piazza del Santo steht das Reiterdenkmal des Gattamelata, geschaffen von dem florentinischen Bildhauer Donatello. Dieser Feldherr der venezianischen Landtruppen war ein großer Verehrer des heiligen Antonius und hatte in seinem Testament bestimmt, dass er hier vor der Basilika stehen wollte.

Die Universität

Sie wurde im Jahr 1222 gegründet, ist damit nach Bologna die zweitälteste Italiens und berühmt für ihren Lehrstuhl des Römischen Rechts. Die Gewölbe und Wandflächen des schönen Innenhofs, *cortile antico*, sind mit zahlreichen Wappen jener Familien gepflastert, die hier studierten oder lehrten. An einer Seitenwand sieht man das Porträt von Elena Lucrezia Cornaro Piscopia, sie war die erste Frau der Welt, die am 15. Juni 1678 in Philosophie promovierte. Als überzeugte Benediktinerin hätte sie lieber Theologie studiert, doch »in einer

Oberitalien

Oben: Wasserspiele an der Loggia Annulea. Mitte: Auf der Piazza dei Signori steht dieser ausdrucksvolle Uhrenturm. Unten und rechte Seite: Kleine und große Kanäle ziehen sich durch Padua, geben so mancher Ecke ein fast dörfliches Ambiente.

Kirche habe die Frau zu schweigen«. Der Mathematiker Galileo Galilei dozierte hier von 1592 bis 1610, sein simples Bretterpult ist zu besichtigen. Ein veritabler Hort der Wissenschaften, doch Goethe äußerte sich erschrocken über die Enge in den Lehrsälen wie im legendären Teatro Anatomico aus dem Jahr 1544, in dessen Mitte ein Seziertisch steht: »Die Schüler müssen sich zusammenpressen und auf den Tisch würde kein Licht fallen.«

Nicht weit von der Universität entfernt befindet sich mit dem Caffè Pedrocchi eine gesellschaftliche Institution. Der imposante Eingang erinnert an einen klassizistischen Tempel, drinnen warten Ledersessel, weiße Marmortische und soignierte Kellner. Im Jahr 1831 wurde das Café von Antonio Pedrocchi gegründet – es war die Zeit eines selbstbewussten Bürgertums. Im Grünen Salon des Pedrocchi konnten sich die studentischen Habenichtse und ihre Professoren zum politischen Austausch treffen, dazu gab es kostenlos ein Glas Wasser und eine Zeitung. Noch heute wird die Atmosphäre geistiger Freiheit gepflegt, und kein Ober wird einen Gast behelligen, der dort sitzt und liest oder arbeitet.

Cappella degli Scrovegni (Arenakapelle)

Die Scrovegni-Kapelle ist ein Hauptwerk des florentinischen Malers Giotto, des Begründers der westlichen Malerei, die sich durch ihre räumliche Darstellung und die Individualität und Bewegtheit der Figuren deutlich von der byzantinischen Malweise unterscheidet. Mit dem Bau der Kapelle (1303) und ihrer Aus-

malung (1304–1306) wollte der Goldhändler Enrico Scrovegni seinen Vater, einen Wucherer, vor der ewigen Verdammnis bewahren, schreibt Dante in seiner »Göttlichen Komödie«. Sie wurde auf dem Gelände eines ehemaligen römischen Amphitheaters errichtet, daher der Beiname.

Man sollte den frühen Abend für die Besichtigung der Scrovegni-Kapelle reserviert haben, denn dann ist es nicht mehr so voll. Dann fällt die späte Sonne auf die Heiligenscheine der Apostel und zeigt ihre aufregend plastischen Formen, die bei normalem Licht kaum zu erkennen sind. Man muss sich allerdings mit der Betrachtung beeilen, denn zum Schutz der Bilder und wegen des großen Andrangs bleiben jedem Besucher nur fünfzehn Minuten für Giottos biblische Geschichte, die zum großen Teil aus der Passionsgeschichte besteht. Eine der eindrucksvollsten Szenen ist die Anbetung der Heiligen Drei Könige mit dem schwebenden, kometenähnlichen Stern. Dies ist, neben dem Teppich von Bayeux, eine der frühesten Darstellungen des Halley'schen Kometen, der wenige Jahre zuvor zu sehen gewesen war. Die Sockelbemalung an der Süd- und Nordwand besteht aus Grisaille-Figuren, die Tugenden und Laster darstellen. Vor vier Jahren wurden die Fresken restauriert, und nun erstrahlt der Sternenhimmel wieder in feinstem Lapislazuli-Blau.

Prato della Valle

Mitten in der Stadt, am Prato della Valle, verbringt ganz Padua seine Freizeit. Auf dem drittgrößten Platz Europas wird gejoggt, geradelt und sogar geangelt, denn das grüne Oval wird vom

HOTEL METHIS

Nur wenige Minuten von der Altstadt entfernt liegt das aparte Design-Hotel am Kanal des Bacchiglione. Nach viel mittelalterlicher Kunst, die Padua zu bieten hat, könnten die klaren Farben und die gradlinige Einrichtung eine gelungene Abwechslung sein.
Riviera Paleocapa 70, Tel. (049) 872 55 55, www.methishotel.com

EUGANEISCHE HÜGEL

Ganz unvermittelt heben sich die kegelförmigen Hügel erloschener Vulkane aus der Po-Ebene. Weltberühmt sind die heißen Quellen von Abano Terme und Montegrotto Terme, eine Hotellandschaft ist dort entstanden. Um fünf Uhr morgens klingelt der Wecker für die Fangopackungen und das Bad im Thermalwasser. Eine Institution ist das Hotel Trieste & Victoria mitten in Abano, wo man den Charme von Kristalllüstern in ein zeitgenössisches Wellnesskonzept verpackt hat.
Eine halbe Stunde ist das mittelalterliche Dorf Arquà Petrarca entfernt, dort steht das Wohnhaus des Dichters Francesco Petrarca, der hier von 1370 bis 1374 seine letzten Lebensjahre verbrachte. Fresken mit Szenen aus seinem Leben bedecken die Wände des Hauses, seine sterblichen Überreste liegen in einem Grab vor der Kirche.
Informationen: Largo Marconi 8, Abano Terme, Tel. (049) 866 66 09, www.abanomontegrotto.it

WEITERE INFORMATIONEN ZU PADUA

Turismo Padova Terme Euganee: Riviera dei Mugnai 8, Padova, Tel. (049) 876 79 11, www.turismopadova.it

Kanal des Alicorno begrenzt. Auf den Kanalmauern stehen die Statuen von Männern, die in Padua gelehrt oder gelernt haben, und geben dem Prato della Valle einen barocken Anstrich. Dahinter erhebt sich die größte Renaissancekirche in Venetien, Santa Giustina, deren schmuckloses Äußeres in einem krassen Gegensatz zu den zahlreichen Gemälden und Skulpturen im Innern steht. In der Kirche werden die drei Schiffe von 26 Pfeilern gestützt.

Oberitalien

11 Venedig – La Serenissima

Die einzigartige Lagunenstadt

Diese Stadt ist ein Liebling der Götter. Eine aufregende Mixtur aus erstklassiger Kunst, spannender Geschichte und viel Charme. Das dürfte der Grund sein, warum jedes Jahr zwölf Millionen Menschen nach Venedig reisen – keine Stadt der Welt empfängt mehr Gäste. Die Venezianer lassen sich nicht beirren: Der Karneval, die Biennale und die Gondeln sind für die Fremden, aber der morgendliche Cappuccino in einer Bar, das Baden am Lido oder die herzhafte venezianische Küche bleiben ihr Refugium.

Oben: Der Dogenpalast zeigt eindrucksvoll Macht und Reichtum des einstigen Venedig. Unten: Ohne die aparten Masken wäre der Karneval von Venedig nicht vorstellbar. Rechte Seite oben: Die Basilica Santa Maria Maggiore mit ihrer eindrucksvollen Kuppel am späten Abend. Unten: Sightseeing mit einer Gondel in der Dämmerung.

Auf der Piazza San Marco

Für die Einheimischen ist es »la piazza«, denn alle anderen Plätze heißen *campi* in Venedig. Es sei »der eleganteste Salon Europas«, sagte Napoleon über die Piazza von San Marco, als er 1797 in die Stadt kam und die Ära einer dominierenden Handelsmacht beendete. Hier liegt die Mitte Venedigs, ein aus Veroneser Marmor und istrischem Stein geformtes Aushängeschild der Serenissima, das von der Macht und dem Reichtum der einstigen Adelsrepublik Venedig zeugt. Mehr als 500 Jahre Frieden und blühende Geschäfte haben Kunstschätze und so viel Vermögen angehäuft, dass sogar noch im Niedergang Venedigs prächtige Paläste gebaut wurden. Begünstigt durch seine geografische Lage galt Venedig als Tor zum Orient, und unter der Führung schlauer und skrupelloser Dogen begann um die Jahrtausendwende der Aufstieg der Lagunenstadt. Ein erfolgreicher Kreuzzug brachte 1204 die Metropole Konstantinopel unter ihre Kontrolle, und die Geschäfte mit der Levante machten Venedig zum Mittelpunkt des damaligen Europa. Mit der Entdeckung Amerikas verlagerten sich die Interessen auf Spanien und Portugal, die Macht bröckelte langsam, und als Napoleon kam, lag »La Serenissima« schon im Koma. Im Jahr 1866 wurde die Stadt dem italienischen Königreich angeschlossen.

Die Markusbasilika

Seit dem 12. Jahrhundert sieht die Piazza unverändert aus, nur an ihren Rändern wurde 400 Jahre lang gebaut, von der Gotik bis zur Renaissance. Ein Blickfang ist der Campanile, doch beherrscht wird der Platz von der imposanten Basilika San Marco, einem Flaggschiff byzan-

Oberitalien

Oben: Ohne einen Besuch im »Caffè Florian« sollte niemand Venedig verlassen. Mitte: Den Palazzo Ca' d'Oro erkennt man an seinen feinen Steinmetzarbeiten. Unten: In der Cantina do Mori könnte man die Schriftstellerin Donna Leon treffen. Rechte Seite unten: Blick vom Campanile auf die Basilica San Marco. Rechte Seite oben: Die Seufzerbrücke.

tinischer und westlicher Dekorationskunst. Die mit fünf Kuppeln gekrönte Kirche wurde im 11. Jahrhundert für die Gebeine des heiligen Markus eingeweiht, die man aus Alexandria gestohlen hatte. Auch die Quadriga der Bronzepferde aus Byzanz, die heute über dem Eingang der Basilika thront, wurde geraubt, und als Beute aus Syrien gelangten auch die beiden Säulen auf der Piazzetta nach Venedig, mit den Symbolen des heiligen Theodor und des heiligen Markus. Bis 1807 war die Basilika die Privatkirche des Dogen, erst mit Napoleon durfte dort der Patriarch einziehen. Am schönsten lässt sich die Pracht dieser Kirche bei einem morgendlichen Gottesdienst erleben, wenn die ersten Sonnenstrahlen über die Goldmosaiken streichen, oder während der Abendmesse, wenn die orientalischen »Teppichmuster« auf dem Steinboden beleuchtet sind.

Der Dogenpalast

Neben der Kirche liegt der Palazzo Ducale, die einstige Residenz des Staatsoberhauptes und der Amtssitz der venezianischen Regierung. Alleine der Treppenaufgang der »Scala dei Giganti« mit ihren Statuen von Mars und Neptun, den Symbolen der Macht zu Land und zu Wasser, lassen keine Zweifel am Selbstbewusstsein der Republik aufkommen. Über drei Etagen erstrecken sich die Räume und Säle, darunter die »Sala del Maggior Consiglio«, wo der Große Rat tagte, und dazu gehörten im 16. Jahrhundert immerhin 2000 Mitglieder. An der Ostwand hängt das »Paradies« von Tintoretto, eines der größten Ölgemälde der Welt. Einen etwas traurigen Abschluss bildet die Seufzerbrücke, eine Verbindung zwischen Dogenpalast und dem Gefängnistrakt. Es seien die Seufzer der Häftlinge gewesen, die der Brücke ihren Namen gegeben hätten …

Kaffee auf der Piazza San Marco

Schon seit dem frühen 18. Jahrhundert wird Kaffee im Anblick der Basilika getrunken. Damals gab es alleine auf der Piazza 24 Kaffeehäuser, heute buhlen die Musikcafés »Florian«, »Quadri« und »Lavena« um die Gunst des Besuchers. Das bedeutet, wer die Atmosphäre der Piazza genießen will, ist gnadenlos dem Fiedeln ausgesetzt, meist Walzern und dem Vivaldi-Dauerbrenner der »Vier Jahreszeiten«. Wenn die Kapelle des »Quadri« eine Kunstpause macht, dann setzen sich die Violinen des »Florian« in Szene. Am Vormittag bieten »Quadri« und »Lavena« den Platz an der Sonne, denn sie liegen in den Arkaden der Procuratie Vecchie, während sich das »Florian« schräg gegenüber so langsam für den Nachmittag und Abend rüstet. Alle drei Cafés wurden im 18. Jahrhundert gegründet, das »Florian« 1720 von einem gewissen Floriano Francesconi, das »Lavena« 1750 und das »Quadri« 1775 von Giorgio Quadri aus der Levante.

Aperitif in »Harry's Bar«

Wenn sich der Nachmittag zum Ende neigt, ist die Zeit für einen Aperitif in »Harry's Bar« gekommen, die im Jahr 1931 in einer Seilerei am Canal Grande von Giuseppe Ciprani und seinem amerikanischen Freund Harry Pickering gegründet wurde. Für den weltberühmten Bellini sollte man alle pekuniären

Venedig – La Serenissima

Vorbehalte aufgeben und nur genießen. Der Saft von sechs weißen Pfirsichen wird mit einer Flasche Prosecco aufgefüllt, und getrunken wird der Bellini aus hohen, schmalen Gläsern. Dazu ein paar Tramezzini oder das berühmte Carpaccio. Noch immer strahlt »Harry's Bar« diese unvergleichliche Atmosphäre von Geborgenheit und eleganter Zurückhaltung aus. So weist kein Schild auf die Bar hin und noch heute ist der Name in die Milchglasscheibe der Fenster hineingeätzt. Der berühmteste Gast war Ernest Hemingway, der allerdings Montgomery trank, aus 15 Teilen Gin und einem Teil Wermut. Damals entstand der Roman »Über den Fluss und in die Wälder«, der 1950 erschien und der Bar ein literarisches Denkmal setzte.

Auf dem Canal Grande

Wie ein umgestülptes S durchzieht der Canal Grande die Lagunenstadt, und die Fahrt auf der knapp vier Kilometer langen Lebensader Venedigs führt an unzähligen Palästen, Kirchen und Museen vorbei. Sie bietet einen Überblick über 700 Jahre Geschichte der Stadt, denn keine vornehme Familie hätte auf den Bau eines Palastes an der »Renommiermeile« des Canal Grande verzichtet. Eines der schönsten Häuser ist Ca' d'Oro mit einer einzigartigen Marmorfassade, die Spätgotik mit Frührenaissance vereint und früher vergoldet war. Um den ersten Bogen des Kanals ballt sich legendäre Kunst: die Moderne in der Collezione Peggy Guggenheim, dann die alten Meister in der Accademia mit Giorgiones »Gewitter« und Veroneses »Gastmahl im Hause Levi«. Etwas versteckt liegt die Kirche Santa Maria Gloriosa dei Frari, dort hängt das überwältigende Bild der Assunta, dessen intensives Rot einen den Atem stocken lässt.

ESSEN IN VENEDIG

Der Nepp droht an allen Ecken, und viele lustlose Köche lassen Touristenfutter servieren. Nur wenige Meter von der Rialtobrücke entfernt aber, mitten in San Polo, liegt die »Trattoria alla Madonna«. Versteckt in einer schmuddeligen Gasse, doch zur Mittagszeit und am Abend strömen die Gäste. Zu »Capesante«, das sind Jakobsmuscheln in einem Sud aus Weißwein, Petersilie und Zitrone. Oder zu einer lokalen Spezialität, den »Seppioline alla veneziana«, das sind gebratene Tintenfische in einer Sauce aus Weißwein, Knoblauch und dem Inhalt der Tintenbeutel. Dazu isst man Polenta. Als Nachtisch ein »Sorbetto al limone«, etwas zerstoßenes Zitroneneis mit einen Schuss Wodka. Die Rechnung bleibt moderat, und bezahlt wird beim Inhaber Oscar Fulvio Rado, der das Restaurant 1954 gegründet hat.
Trattoria alla Madonna: Calle della Madonna, San Polo, Tel. (041) 522 38 24, www.ristoranteallamadonna.com

WEITERE INFORMATIONEN ZU VENEDIG

Castello 5050, 30122 Venezia, Tel. (041) 529 87 11. Viele Vergünstigungen und freie Eintritte in Museen gibt es mit der Venicecard.
Websites: www.turismovenezia.it, www.venicecard.it

Venedig kann zu jeder Stunde und zu allen Jahreszeiten verzaubern. Nächtliche Stimmung an der Riva del Carbon unweit der Rialtobrücke.

Oberitalien

12 Cortina d'Ampezzo, der Vorzeigeort des Wintersports

Treffpunkt der High Society

It's the place to be – wer es sich leisten kann, verbringt die Weihnachtsfeiertage in Cortina d'Ampezzo. So packt der reiche Venezianer ohne zu zögern die Koffer und fährt in den bekanntesten Wintersportort Italiens. Doch beileibe nicht in ein Hotel, sondern natürlich in seine Ferienwohnung, die womöglich schon ererbt ist. Die anderen sind auch da, für wenige Wochen schleppen die Galeristen ihre Bilder in die Berge, reisen Pelzmäntel und Prêt-à-porter in die winterliche Kälte.

Olympische Winterspiele

Doch es wird auch Sport getrieben und in manchen Jahren sogar sehr ernsthaft – wie 1956. Damals wurden an einem Donnerstag im Januar die Olympischen Winterspiele eröffnet. Eine strahlende Sonne verzauberte das Ampezzaner Tal, aber in der Nacht schickte man eine Lastwagenkolonne ins Zentrum, um Cortinas Hauptstraße einen weißen Teppich zu geben. Weil der Fackelträger auf Skiern kam. Da meinten die Spötter, die Alpinen hätten an diesem Tag gar nicht trainieren dürfen, damit die magere Schneedecke bis zu den Wettkämpfen erhalten bleibe.
Auf den Pisten von Cortina d'Ampezzo wurde der Skiruhm des Toni Sailer begründet, der damals in allen drei Disziplinen auf dem Siegerpodest stand. Schon beim Abfahrtsrennen auf der Tofana verblüffte der bis dahin völlig unbekannte Spenglersohn aus Kitzbühel, denn trotz harscher Windböen und zahlloser Bodenwellen kam er ohne Sturz ins Ziel. Auch im Spezialslalom und dem Riesenslalom hatte der 20-Jährige die ideale Linie durch die Stangen gefunden, und am Ende der Wettkämpfe hingen drei Goldmedaillen um seinen Hals. Cortina brauchte eigentlich keine Winterspiele zur Imagepflege, denn schon in den 1920er-Jahren gehörte dieser Ort zu den begehrten Wintersportplätzen Europas. Das Panorama mit seinen markanten Felstürmen ist weltberühmt: die Hausberge der Tofana, gegenüber der Sorapis und die Pyramide des Antelao. Im Süden ragt der mächtige Monte Pelmo in den Himmel, und der Norden wird von Monte Cristallo und Pomagagnon abgeschlossen.

Oben: Feiner Pulverschnee und Sonnenschein ist der Traum eines jeden Skifahrers. Unten: Ein Hauch von neuem Schnee liegt auf dem Corso d'Italia, der schicken Einkaufsstraße von Cortina d'Ampezzo. Rechte Seite oben: Abendstimmung am Misurina-See. Rechts außen: Eines der teuren Geschäfte auf dem Corso d'Italia.

Pisten für Kenner und Liebhaber

Im Winter bieten die Flanken dieser Berge traumhaftes Skifahren, und man kann auf den Spuren Toni Sailers wandeln. Es beginnt mit der einstigen Abfahrtstrecke. Die Seilbahn »Freccia nel Cielo« führt in die weiten Hänge der legendären Tofana. An der Skihütte »Pomedes« auf 2340 Metern beginnt die 3461 Meter lange Abfahrtsstrecke Olimpia, wo heute jedes Jahr ein Weltcup-Rennen der Damen stattfindet. Gleich nebenan liegen die schwarzen Pisten von »Labirinti« und »Vertigine Bianca« sowie die rot markierte »Canalone«. Innerhalb der Skiregion der Tofana wurde auch die Strecke des damaligen Spezialslaloms angelegt, es ist die schwarze Piste des »A-Col Druscié«. Die Anstrengung dauert nur wenige Minuten und dann geht es in einer leichten Talabfahrt hinunter zum Ausgangspunkt der Seilbahn »Freccia nel Cielo«. Dort wartet ein kostenloser Skibus, der die Skifahrer zur anderen Seite des Ortes bringt, an die Hänge von Faloria. 1956 wurde der olympische Riesenslalom auf der Piste »Vitelli« ausgetragen. Für diese 69 Tore auf einer Länge von 2660 Metern brauchte Toni Sailer die Zeit von 3,001 Minuten. Damals wanderten 20 000 Zuschauer zu dem acht Kilometer entfernten Zielraum von Pian de Ra Bigontina, um den Helden aus Österreich zu feiern. Als Höhepunkt bleibt der berüchtigte Steilhang der Cristalloscharte auf dem Monte Cristallo.

Sehen und gesehen werden

Damals wie heute steht weniger die Vielfalt der Pisten im Vordergrund, den meisten Besuchern reicht die Flaniermeile des Corso Italia mit seinen 500 Metern. *Fare bella figura* gehört zum Flair von Cortina, wo sich an Weihnachten und zum Karneval die berühmten Familien Italiens ein Stelldichein geben. Der Corso füllt sich erst in der Dämmerstunde, dann beginnt das Shopping mit Kind und Kegel durch die Nobelboutiquen. Aber eigentlich genügt ein Blick auf die Flaneure, um zu wissen, wo der Trend dieses Winters liegt. Natürlich überwiegen die langhaarigen Pelzmäntel, und solange es einen Funken Licht gibt, gehört die Sonnenbrille zum unverzichtbaren Accessoire. Auch ohne Skifahren kann man in Cortina über einen vollen Terminkalender stöhnen, denn während der Saison gibt es zahllose Vernissagen in Galerien und Auktionen von Bildern oder Schmuck. Schon lange folgen die Kunsthändler ihrem vermögenden Publikum und tauschen gute Geschäfte in verschneiten Bergen gegen nasskaltes Rom oder Mailand.

ENOTECA CORTINA

Obwohl das gesellschaftliche Leben meist im Villenviertel Miramonti stattfindet, trifft man sich gerne in der Enoteca von Girolami Gaspari, der die besten Weine der Welt bis an die Decke gestapelt hat.
Enoteca Cortina, Via del Mercato 5, Tel. (04 36) 86 20 40

KRIEGSMUSEUM AN DER DOLOMITENFRONT

Vor einem Jahrhundert standen sich Tausende von italienischen und österreichisch-ungarischen Soldaten an der Dolomitenfront gegenüber. Besonders heftige Kämpfe gab es am Lagazuoi, dabei sind Teile des Berges weggesprengt worden. Dort zeigt ein Freilichtmuseum die Stellungen der Alpini und Kaiserjäger, die in einer leichten Bergwanderung besichtigt werden können. In der Sperre Tre Sassi am Valparola-Pass und in Cortina d'Ampezzo sind Museen eingerichtet, um die militärischen und zivilen Ereignisse zu schildern.
Website: www.cortinamuseoguerra.it

WEITERE INFORMATIONEN ZU CORTINA D'AMPEZZO

Corso Italia 83, Cortina d'Ampezzo, www.cortina.dolomiti.org.it

Oberitalien

13 Triest und das Friaul – Mittelpunkt, Randlage und neues Glück

Erinnerungen an die Habsburgermonarchie

Von 1382 bis zum Ende des Ersten Weltkrieges gehörte Triest zum Reich der Habsburger. Mit dem letzten Kanonendonner wurde aus der einzigen Hafenstadt der Donaumonarchie eine italienische Provinzstadt. Nach dem Zweiten Weltkrieg wurde es noch schlimmer, denn der Eiserne Vorhang klemmte die Stadt von ihren Lebensnerven ab. Mit der politischen Öffnung von Slowenien und Kroatien verfügt die Stadt nun wieder über ein Hinterland.

Oben: Triest verführt durch den Zauber des Canal Grande. Unten: Die Piazza dell'Unità d'Italia wird von Palästen und Kaffeehäusern eingerahmt. Rechte Seite oben: Zu den ältesten Kaffeehäusern gehört das Antico Caffè San Marco. Unten: In diesem Delikatessenladen herrscht die Qual der Wahl.

Das Beste aus seiner Vergangenheit hat Triest behalten, denn der Charme der k. u. k.-Atmosphäre konnte sich in den Gebäuden, Boulevards und natürlich in den Kaffeehäusern und ihren Schmankerln konservieren. Man flaniert über den Laufsteg der Stadt, die Mole Audace, lässt sich von der winterlichen Bora das Gesicht zu einer Eismaske gefrieren, eilt zurück auf die gewaltig große Piazza dell'Unità, wirft noch einen schnellen Blick auf dieses Wiener Ringstraßenflair mit Meerblick und öffnet erleichtert die Tür zum »Caffè degli Specchi«. Ein verführerischer Kaffeeduft hängt in der Luft, man hört das Zischen der Espressomaschine und das Gurgeln beim Aufschäumen der heißen Milch.

Kaffeehausliteraten

Das erste Kaffeehaus »Il Tommaseo« eröffnete im Jahr 1830. Damals war Triest das größte Handelszentrum an der Adria und zog Menschen aus allen Herren Länder an. Diese quirlige Schaffenskraft aus Slowenen, Juden, Griechen und Deutschen inspirierte bedeutende Literaten. Hier schrieb der Ire James Joyce das erste Kapitel seines Weltromans »Ulysses« und ermutigte den zweifelnden Triestiner Italo Svevo, die Schriftstellerei nicht an den Nagel zu hängen. Es entstanden daraus »Senilità« und »Zeno Cosini«. Vor den Toren der Stadt arbeitete Rainer Maria Rilke um 1912 auf Schloss Duino an seinen »Duineser Elegien«. Sie alle kamen ins Kaffeehaus, um sich aufzuwärmen oder abzukühlen, die Zeitung zu lesen oder vor leeren Blättern auf eine Inspiration zu warten. Einst war Triest übersät von Kaffeehäusern, nur eine Handvoll ist übrig geblieben, und die wenigsten haben Zeitläufte und Renovierung

Oberitalien

Oben: Blick auf die Piazza dell'Unità d'Italia mit dem Palazzo del Municipio. Mitte: Ein beliebter Ausflug ist das Habsburgerschloss Castello di Miramare. Unten: Zwei zauberhafte Skulpturen an der Riva del Madracchio. Rechte Seite: Abendstimmung am Canal Grande, im Hintergrund die Kirche Sant'Antonio Taumaturgo.

glücklich überstanden. Dazu gehört das »Antico Caffè San Marco« auf der Via Cesare Battisti, das 1914 eröffnet wurde und sein Ambiente des Wiener Jugendstils über fast ein Jahrhundert gerettet hat. Als wäre die Zeit stehen geblieben, hört man das Rascheln beim Umblättern der Zeitungsseiten und das sanfte Aufschlagen der Schachfiguren auf das Brett. Der letzte Tisch im vorderen Raum ist für den Triester Schriftsteller Claudio Magris reserviert. Wenn der Professor für deutschsprachige Literatur in seiner Heimat weilt, kommt er ins »San Marco«, um zu arbeiten. Vielleicht ist sein Buch »Die Welt en gros und en detail« hier entstanden.

Süße Verführung

Auch ein Besuch des »Caffè Pasticceria Pirona« ist ein Muss. Im Jahr 1900 von Alberto Pirona gegründet, haben auch die heutigen Besitzer Cristina und Sergio De Marchi den winzigen Laden kein Jota verändert. Am Tresen wird der berühmte Illy-Kaffee serviert, der aus Triest stammt, und in den Jugendstilvitrinen präsentieren sich Sachertorte, Linzerschnitten und Triester Torte. Daneben liegen die Presnitz aus Blätterteig, die Lieblingsnascherei von James Joyce, der dazu ein Gläschen süßen Wein trank. Auch die Pasticcerie »La Bomboniera« mit ihren berühmten Rigójancsi und »Penso Narciso« mit Putiza und dem Ostergebäck Pinza sind solche Institutionen, die mit süßen Verführungen viel über die Geschichte der Stadt erzählen.

Besondere Kaffeekultur

Fünf Kilogramm Kaffee wird in Italien pro Kopf und Jahr verbraucht, aber in Triest ist es glatt das Doppelte. Deshalb hat sich wohl eine eigenständige Kaffeekultur entwickelt, die schon beim Bestellen anders ist: In dieser Stadt ist ein Cappuccino, was im Rest von Italien unter Macchiato läuft, während der Macchiato in Triest ein Capo ist. Entweder in der Tasse oder im Glas. Wer also einen Cappuccino trinken will, bestellt einen Caffè Latte. Mit heißer oder kalter Milch, nur ein paar Tropfen oder aufgeschäumt. Und schnell muss es gehen, denn in Triest ist Kaffeetrinken eine Sache des »Zwischendurch« und darf nur wenige Minuten dauern. Der Mann hinter der Theke, der *barista*, kennt die Tradition, mit Effizienz und unerschütterlicher Ruhe werden alle Wünsche erfüllt. Einen Katzensprung nach Slowenien und 50 Kilometer nach Kroatien, zwei Stunden nach Österreich und fünf Stunden nach München, das klingt irgendwie sehr europäisch. Die schlechten Zeiten der Isoliertheit hat Triest ausgesessen mit viel Gelassenheit und wahrscheinlich in einem Kaffeehaus.

Die Weine des Friaul

Nördlich von Triest klemmen sich die Weinberge im Osten an die slowenische Grenze und rücken an das venezianische Terrain im Westen. Das Friaul ist bekannt für seine Weißweine, doch seine fruchtigen Sauvignon, Chardonnay und Pinot Bianco müssen sich gegen die Konkurrenz aus allen Teilen der Welt wehren. Da gilt es, den individuellen Charakter noch mehr zu betonen, die Möglichkeiten des Kellers nach den neuesten Erkenntnissen zu überprüfen oder alles ganz anders zu machen – wie Josko Gravner.

Josko Gravner – Wein aus Amphoren

Der gebürtige Slowene ist ein Charakter. Ein starker Kopf mit energischen Augen, der vor Jahren beschloss, seine Edelstahlfässer zu verkaufen und seine Weinberge nördlich von Gorzio mit den herkömmlichen Sorten zu vergessen. Heute gehört seine Liebe den autochthonen Sorten des Friaul wie dem Ribolla Gialla, einer der ältesten Weißweinreben der Region, und der roten Pignolo-Traube, die im 20. Jahrhundert beinahe ausgestorben wäre. Denn sie vermitteln den Geist des Landes. Mit nackten Füßen wird die Ernte gepresst, kein Schwefel wird zugesetzt, sondern eine wilde Weinhefe muss zur Vergärung genügen. Dann wandert der Wein in 3000 Liter fassende große Amphoren, die Gravner aus Georgien kommen ließ. Sie sind im Boden seines Kellers eingegraben, denn die Rebe braucht die Erde und der Wein braucht die Erde, das ist seine Überzeugung. Gut sieben Monate muss der Weißwein dort ausharren, und allein die Natur macht die Arbeit, so gibt es kein Messen des Zuckergehaltes oder der Temperatur. Der Quergeist hat Erfolg und seine Weine sind teuer. Von einem bekannten Weinführer wurde Josko Gravner im letzten Jahr zum Winzer des Jahres gekürt (www.gravner.it).

Die Fellugas – Vorzeigebrüder in Sachen Weinmachen

Ganz anders bei den Brüdern Livio und Marco Felluga, die ebenfalls ihre Weinberge im Dunstkreis der slowenischen Grenze haben. Der ältere Livio konnte viele Hektar verwahrlostes Rebenland in den Colli Orientali kaufen, als die Menschen zu Hunderten ihre Heimat verließen, um im Ausland ein besseres Leben zu finden. Doch Livio lehnte schon damals Massenprodukte ab, und seine Weine fügen sich auch heute erfolgreich in das aktuelle Qualitätsbewusstsein. Wie sein Terre Alte, ein Cuvée aus Tocai Pinot Blanco und Sauvignon, der vor einem Vierteljahrhundert kreiert wurde. Der jüngere, Marco, Jahrgang 1927, ist der aktuelle Präsident des Weinbauverbandes Collio. Das ist jene Region, die die Weißweine des Friaul bei Kennern so beliebt gemacht hat. Nun will er dem Nachbarn Colli Orientali ein wenig auf die Sprünge helfen. Nicht ganz uneigennützig, denn die Weinberge seines Bruders stehen dort, und in dieser Region wachsen auch rote Trauben. Doch als Einheimischem gehört seine Liebe dem Tocai Friulano, einem vollmundigen Weißen, dem Alltagsgetränk der Region, der oft auch schon zum Mittagessen auf den Tisch kommt (www.liviofelluga.it, ww.marcofelluga.it).

ENOTECA GRAN MALABAR

Wer friaulische Weine in Triest genießen will, geht in die »Enoteca Gran Malabar« an der Piazza San Giovanni. Mit ihrem großen Herz für aufstrebende Winzer und neue Ideen haben Walter Cusmich und seine Frau Adriana einen Treffpunkt für Liebhaber grandioser Tropfen geschaffen. Piazza San Giovanni 6, Tel. (0406) 3 62 26. Täglich geöffnet.

DER RILKE-KÜSTENWEG – IL SENTIERO RILKE

Auf der Strada costiera, einer der schönsten Küstenstraßen der Welt, gelangt man nach Duino. Am Ortsausgang beginnt der Rilke-Küstenweg, der am Meer entlang bis zum Badeort Sistiana führt. Es ist eine halbstündige Wanderung durch Kiefernwälder, man schaut auf die Felsküste aus kantigem Kalkstein und genießt die Ausblicke in den azurblauen Golf von Triest. Auf Einladung seiner Mäzenin, Fürstin Marie von Thurn und Taxis, wohnte Rilke in den Jahren 1911 und 1912 auf Schloss Duino. Auf den Spaziergängen soll er zu seinen »Duineser Elegien« inspiriert worden sein.

WEITERE INFORMATIONEN ZU TRIEST

APT Trieste: Via San Nicolò 20, Tel. (0406) 79 61 11, www.triestetourism.it

Oberitalien

14 Das Aostatal – ein Treffpunkt europäischer Geschichte

Seit Jahrhunderten ein wichtiges Durchgangstal

Eingerahmt von berühmten Gipfeln, begegnen sich im Aostatal, einer der kleinsten Provinzen Italiens, zahllose Zeugnisse europäischer Kulturgeschichte. Alle mussten durch dieses enge Tal, wenn sie ins Piemont wollten. Hier vermischt sich das Italienische mit dem Französischen, doch im Alltag wird der Savoyer Dialekt gesprochen.

Aus dem Westen kamen sie über den Kleinen Sankt Bernhard und jene vom Norden plagten sich über den Großen Sankt Bernhard, der schon seit der Bronzezeit als Verkehrsweg bekannt ist. Für die Römer bildete dieser Pass die wichtigste Verbindung nach Gallien, auf denselben Saumpfaden eroberten die Karolinger das Reich der Langobarden, und Napoleon scheuchte ein Heer von 35 000 Mann und 150 Kanonen über den beschwerlichen Weg durch die Westalpen. Im Mittelalter wanderten die Pilger auf der berühmten Via Francigena durch das Aostatal nach Rom.

Mächtige Relikte der Vergangenheit

Die isolierte Lage dieser Region hat viele Zeugnisse der Vergangenheit bewahrt. Hier vereint sich römische Architektur mit dem starken Einfluss der katholischen Kirche und ihren mächtigen Gotteshäusern, bauten die Feudalen ihre Herrensitze auf die markanten Punkte der Berglandschaft. Als kapitale Festungen drängen sich die Burgen von Fénis, Ussel und Verrès ins Blickfeld und waren Meisterwerke der Militärarchitektur. Sie kontrollierten die einzige Durchgangsstraße zu den Alpenpässen, und das Wegegeld sicherte Reichtum und Macht. In den Jahren des Friedens wurde es der Aristokratie zu ungemütlich auf ihren Felsen, es entstanden die Paläste in den Tälern wie das Schloss von Issogne.
Seit dem frühen Mittelalter beansprucht das Aostatal eine weitgehende Autonomie, damals sahen die regierenden Savoyer keine Chance, dieses unzugängliche, in viele Lehen unterteilte Gebiet zu beherrschen. Auch heute besitzt diese kleine Provinz einen Sonderstatus. Der Mittelpunkt des Tales ist Aosta, ein Ort mit knapp 36 000 Einwohnern, wo die besten architektonischen Ideen des kaiserlichen Roms verwirklicht wurden und eine fast perfekte Stadt entstanden ist. In Aosta gabelte sich die Gallische Straße, die Passage zum Großen Sankt

Oben: Bergwiese im Aostatal. Im Hintergrund ist der Monte-Rosa-Gletscher zu sehen. Unten: Eines der alten Bergdörfer im Valle di Gressoney. Rechte Seite oben: Als kapitale Festung erhebt sich die Burg von Verrès. Rechts außen: Auf dem Wochenmarkt von Verrès werden die Produkte des Aostatals verkauft.

Bernhard im Norden und zum Kleinen Sankt Bernhard im Westen machte das Bergdorf zu einem Handelszentrum. Mit dem Geschlecht der Savoyer kam das Französische ins Aostatal, nicht nur die Sprache, auch die Kunst zeigte diesen Einfluss. So gibt es eine deutliche Anlehnung des Kreuzganges von Sant'Orso an jenen von Saint-Trophime im provenzalischen Arles. Heute lebt man von den Touristen und der Landwirtschaft. In den Läden hängen die Schinken von Schwein, Gemse und Steinbock. Hier wird deftig gegessen: Schweinswürste in Tomatensauce oder gefüllte Fleischtaschen. Geradezu berüchtigt ist die Fondutta, eine Art Fondue, die mit zusätzlichen Eiern und Butter versetzt ist. Die schönsten Berge Europas rahmen das Aostatal ein. Im Westen der weiße Riese des Mont Blanc, im Norden die Westalpen mit dem gewaltigen Massiv des Monte Rosa, und gegen Süden wird die Region durch Italiens berühmtesten Nationalpark Gran Paradiso mit seinen Dreitausendern abgeschirmt. Als hätten die Berge diese Kultur vor fremden Einflüssen geschützt, hat sich das Aostatal seine Bodenständigkeit bewahrt und strahlt viel menschliche Wärme aus.

Das Tal der Walser – Ristorante Lo Scoiattolo

Nur mehr alte Leute wohnen in den kleinen Steinhäusern mit ihren Dächern aus Granitplatten wie in Macugnana oder Alagna im Val Sesia; viele Anwesen werden dem Verfall preisgegeben. Hier wohnt die Gemeinschaft der Walser, die sich im 12. Jahrhundert im Tal niederließ und bis heute ihre deutschen Traditionen bewahrt. Man spricht Walserdütsch, und auf Straßenschildern und Grabkreuzen sieht man die Zeugnisse dieser Kultur. Alagna ist der Ausgangsort für anspruchsvolle Aufstiege zur Capanna Margherita und zu den Spitzen von Grifetti und Dufour. Die kleinste Gemeinde Italiens ist das Walserdorf Carcóforo, und besonders lohnend dürfte ein Besuch im »Lo Scoiattolo« (Zum Eichhörnchen) sein. Man sitzt an weiß gedeckten Tischen unter der alten Balkendecke eines Walserhauses. Am Herd steht Mariangela Manetta, und die Kenner bestellen als Vorspeise die Gnocchi aus Roter Beete, danach die frische Bachforelle im Moscatosud. Dazu trinkt man die Weine aus dem Piemont wie Barolo, Barbera und Barbaresco (www.ristorantescoiattolo.com).

DER GROSSE WALSERWEG

Der Große Walserweg führt auf uralten Saumpfaden entlang, in 34 Etappen geht es von Mittelberg im Kleinen Walsertal über die Alpen bis nach Zermatt. Dazu gehört auch die Umrundung des Monte-Rosa-Massivs. In fünf Tagen wandert man von Zermatt durch die italienischen Täler von Ayas, Gressoney, Alagna und Macugnaga, bevor es ins schweizerische Wallis zurückgeht. Der Große Walserweg verbindet Orte der Walserkultur, deren Traditionen sich im Hausbau und der Bearbeitung ihrer Felder und Wiesen erkennen lassen. Da es bei den Walsern üblich war, einen Hof ungeteilt an einen Erben weiterzugeben, mussten sich die übrigen Geschwister ständig auf die Suche nach einer neuen Heimat machen.
Website: www.walserweg.com

WEITERE INFORMATIONEN ZUM AOSTATAL

Piazza Chanoux 2, Aosta,
Tel. (0165) 23 66 27,
www.regione.vda.it

Oberitalien

15 Turin, die bescheidene Schöne

Die Stadt von Fiat und von Schokolade

In Turin gibt man sich zurückhaltend. Die lange Geschichte unter dem Einfluss des Königshauses von Savoyen gibt der Millionenstadt eine andere Atmosphäre und Lebensqualität als das nur 150 Kilometer entfernte Mailand. Es ist kein Treffpunkt der Touristen, obwohl nach der Olympiade wesentlich mehr Besucher kommen, es ist vielmehr eine Stadt, die von dem Wohlergehen der Autowerke von Fiat dominiert wird. Ohne den Einfluss der Familie Agnelli hätte es wohl auch keine Winterspiele 2006 gegeben.

Oben: Diese Ladengalerie hat sich den Charme vergangener Tage erhalten. Unten: Unter den Arkaden der Via Roma, der schönsten Straße Turins, lässt sich herrlich flanieren. Rechte Seite oben: Der Palazzo Madama ist heute die Heimat des Museo Civico d'Arte Antica. Rechte Seite unten: Einer der traditionsreichen Treffpunkte ist das Caffè Malabar.

Der Mittelpunkt Turins ist die Piazza Castello mit dem Palazzo Reale an der Stirnseite, dort wohnte das Königshaus von Savoyen bis zur Vereinigung Italiens 1861. Als Herzog kam der Savoyer Emanuele Filiberto 1646 nach Turin und machte aus der kleinen Stadt mit ihren 7000 Einwohnern einen standesgemäßen Adelssitz. Damals lag Turin in den Mauern eines römischen Castrums, nun wurde die Paradestraße Via Roma mit ihren eleganten Arkaden angelegt, die an der Porta Nuova, dem heutigen Hauptbahnhof, endet. Auch die Via Po erhielt Arkaden, sodass die Königsfamilie unbeschadet von Regen und Schnee zum Fluss gelangen konnte. Wie alle Paläste der Stadt sind die Fassaden sehr schlicht, den Reichtum sieht man erst in den Salons des Piano nobile. Auch der Palazzo Reale zeigt seine überschwengliche, verspielte Pracht erst in den Repräsentationsräumen (die allerdings bis 2009 restauriert werden). Besonders sehenswert ist die Scala dei Forbici, eine doppelläufige Scherentreppe von Filippo Juvarra.

San Lorenzo und Palazzo Madama

Zusammen mit dem älteren Guarino Guarini prägte Filippo Juvarra das barocke Bild der Stadt, beispielsweise mit der Kirche San Lorenzo. Sie liegt neben dem Palazzo Reale und ist durch ihr bescheidenes Äußeres kaum als Kirche wahrzunehmen. Sie ist eines der schönsten Aushängeschilder des barocken Piemont, das weniger vom Gold als von farbigem Marmor dominiert wird. Als Altarbild sieht man San Lorenzo, eingerahmt von eleganten, spiralförmigen Marmorsäulen. Diese Kirche entstand nach einem Gelübde von Emanuele Filiberto, der am Namenstag des Heiligen 1557 über die Franzosen siegte und König von Savoyen wurde.

Oberitalien

Oben: Aufwendig dekorierte Decke im Palazzo Madama. Mitte und unten: Zu einem historischen Kaffeehaus gehören ein auffällig eleganter Eingang, oftmals ein Kronleuchter und prall gefüllte Vitrinen. Rechte Seite oben: Abendstimmung auf der Via Roma. Rechts außen: Die Mole Antonelliana ist heute ein aufregendes Filmmuseum.

Gegenüber steht der Palazzo Madama, das ehemalige Kastell ließ Maria Giovanna Battista von Savoyen-Nemours renovieren, die eindrucksvolle Fassade und die mächtige Steintreppe gestaltete wieder Filippo Juvarra. Heute kann man die Wohnräume der Königin besichtigen, der restliche Palast dient dem Museo Civico d'Arte Antica mit dem bedeutendsten Kunstwerk der Savoyer Sammlung, dem Porträt eines unbekannten Mannes von Antonella da Messina.

Das Turiner Grabtuch

Der große Anziehungspunkt Turins für alle gläubigen Christen ist das Sindone, das sogenannte Grabtuch von Jesus. Neben dem Hauptaltar des Doms gelangt man über 33 Stufen in die Cappella della Sacra Sindone, wo die Reliquie ausgestellt wird. Die Kapelle ist mit schwarzem Marmor ausgekleidet, und Licht fällt nur durch die Kuppel. Auf dem Leinentuch sind die Umrisse eines Gesichts mit einer Dornenkrone zu erkennen, man glaubt, die Folgen von Folterung erkennen zu können. Die Herkunft des Tuches ist ungeklärt, doch man vermutet, dass es auf dem vierten Kreuzgang in Jerusalem geraubt wurde. Seit 1450 war es im Besitz des Hauses Savoyen, das Ende des 17. Jahrhunderts dafür eine eigene Kapelle bauen ließ. Heute gehört die Reliquie dem Papst, allerdings mit der Auflage, dass das Tuch in Turin bleiben muss.

Süße Spezialitäten

Von der Piazza Castello führt die Via Roma zur Piazza San Carlo, es ist die feinste Straße der Stadt. Die Arkaden mit zierlichen Marmorsäulen strahlen große Vornehmheit aus, dazu Schaufenster im Stil des Fin-de-Siècle mit Auslagen, die sich unaufdringlich dem Betrachter darstellen – und dazwischen die Verführung der historischen Cafés. Für einen Espresso im Stehen hat der Turiner immer Zeit. Auch der Fremde wird durch das muntere »Buon giorno!« an die Theke gelockt, und dann schweifen die Blicke über die Croissants und die winzige Patisserien. Turin war die erste Stadt Italiens, die Schokolade schon 1678 anbieten konnte, denn die Savoyer hatten gute Beziehungen zum spanischen Königshaus und dessen Feldzügen in Mittelamerika. Eine Spezialität sind die Gianduiotti, große Pralinen aus Kakao und Nüssen. Auch das Getränk Bicerin ist ein Gaumenschmeichler, es wird aus heißer Schokolade, Kaffee, Milch und Zucker hergestellt. Am schönsten zu genießen im historischen »Café Bicerin« auf der Piazza del Consolato, wo auch der berühmte Piemonteser Staatsmann Graf Cavour sehr gerne einkehrte. Noch eine Turiner Leckerei ist »il pinguino«, ein Vanilleeis mit einem köstlichen Schokoladenüberzug. Sie wurde 1935 in der »Gelateria Pepino« auf der Piazza Carrignano erfunden, heute wird das Eis am Stiel von der liebenswürdigen Besitzerin Donatella Rubei Sarchi überreicht.

Die Mole Antonelliana

Die eigenwillige Mole Antonelliana ragt 167 Meter in den Himmel und will sich so gar nicht in das Bild der historischen Stadt einfügen. Es ist der höchste gemauerte Turm ohne die Verwendung von Stahl und wurde Mitte des 19. Jahrhunderts von Alessandro Antonielli als

Synagoge begonnen. Dann reichten die Geldmittel nicht, er stand lange leer und ist heute das faszinierende Museo del Cinema. Durch dunkelrote Samtvorhänge tritt man in die Welt des Films, zunächst in die Anfänge der bewegten Bilder der Laterna magica. Dann kommt der große Saal mit den Chaiselongues, ebenfalls in Rot, und ganz entspannt kann man die Filme anschauen, die über die großen Leinwände flimmern. In nachgebauten Wohnzimmern laufen die Fernsehfilme, umgeben von den Accessoires der *fifties* und *sixties*.

Aperitif an der Piazza Carignano

Nach diesem Augenerlebnis wird es Zeit für den *aperitivo*. Er ist das liebste Vergnügen der Turiner. Zu einem Glas Wein werden die kleinen Häppchen serviert, die man mit solcher Hingabe verspeist, dass sie mühelos ein Abendessen ersetzen. Es begann 1786, als Antonio Benedetto Carpano in seiner Likörfabrik an der Piazza Castello eine Mischung aus Weißwein, Kräutern und Gewürzen erfand, den »Wermut«. Hundert Jahre später kamen Martini & Rossi und Cinzano auf den Markt, es begann jene Zeit, als sich Politiker und Intellektuelle zum Aperitif trafen und diskutierten. Ein legendärer Ort ist das »Ristorante del Cambio« auf der Piazza Carignano, das älteste Restaurant Turins, das nichts von seiner Eleganz verloren hat.

Fiat und mehr in Lingotto

So ganz anders ist Lingotto, ein ehemaliger Vorort von Turin, wo der Fiat produziert wurde. Schon längst ist die Fabrikation nach Merafiori umgezogen, doch mit dem Bau des Olympischen Dorfes haben auch die alten Hallen neues Leben erhalten. Die Hotels, das Einkaufszentrum und besonders der Supermarkt »Eataly« für gesundes Essen ziehen jeden Tag Tausende von Menschen ins eigentlich öde Lingotto. Eine Attraktion ist die Pinacoteca von Giovanni und Marella Agnelli, wo Teile ihrer Kunstsammlung zu sehen sind, darunter sechs Veduten von Canaletto. Der Ausstellungsraum »Il Scrigno«, der wie ein Pilz auf dem Gebäude steht, wurde von Renzo Piano aus Genua entworfen.

SESTRIERE – SKIFAHREN VOR DER HAUSTÜR TURINS

Kaum eine Autostunde von Turin entfernt warten die herrlichen Skigebiete der Via Lattea, das die Pisten von Sestriere, Claviere, Sauze d'Oulx und Cesana Tourine verbindet. Schon in den 1930er-Jahren hatte der Vater von Giovanni Agnelli in Sestriere zwei Hotels und Seilbahnen bauen lassen. Die Anlagen wurden im Zweiten Weltkrieg schwer beschädigt und in den 1950er-Jahren wieder installiert. Verbunden mit dem Namen Agnelli traf sich nun die gesellschaftliche Elite in dem kleinen Ort in der Nähe der französischen Grenze, der damit fast in die Riege von St. Moritz, Cortina d'Ampezzo oder Madonna di Campiglio aufstieg.
Website: www.sestriere.it

WEITERE INFORMATIONEN ZU TURIN

Piazza Solferino, Tel. (011) 53 51 81, www.turismotorino.org

Oberitalien

16 Alba, der siebte Himmel für Feinschmecker

Trüffelmarkt und edle Tropfen

Die kleine Stadt Alba, im südlichen Hinterland von Turin gelegen, ist weltberühmt für ihre Trüffel. Ein begehrtes Ziel für alle Liebhaber dieser beinahe hässlichen Knolle, die – in feinste Scheibchen gehobelt –, die Nasenflügel vibrieren lässt. Aus der gleichen Region kommt der Barolo. Ein kräftiger Schluck dieses Rotweins, der am Gaumen entlang fließt, und der Feinschmecker fühlt sich im siebten Himmel.

Am Ufer des Tanaro liegt Alba mit seinen 30 000 Einwohnern, ein hübscher Ort mit gewundenen Gässchen, Arkaden und verträumten Plätzen. Prachtvolle Fassaden zeugen von der einstigen Größe im Mittelalter, als Alba eine freie Stadtrepublik und ein Mittelpunkt des Handels war. Da trafen sich die Kaufleute in der Loggia dei Mercanti mit ihrem Terracottafries. Ihren Reichtum zeigten sie in Geschlechtertürmen. Es sollen hundert gewesen sein, heute sind nur noch wenige zu sehen, aber sie bestimmen die Silhouette der Stadt.
In der Via Vittorio Emanuele treffen sich die Feinschmecker der Region, dort reihen sich die Delikatessenläden aneinander. Die »Panetteria Tarable« lockt mit knusprigen Grissini, natürlich von Hand gezogen, bei »Aldo Martino« kann man Trüffel und andere Pilze kaufen, und gegenüber liegt »Tartufi Ponzio«, das älteste Trüffelgeschäft der Stadt. Für den Espresso am Morgen und am Nachmittag geht man zu »Calissano« auf der Piazza Duomo oder zur »Pasticceria Pettiti« im schönsten Jugendstildekor.

Teure Knolle: die Trüffel ...

In den Mittelpunkt aller Schlemmer rückt Alba ab Oktober, wenn der samstägliche Trüffelmarkt stattfindet. Dann liegt in den Straßen der Innenstadt jener unwiderstehliche Duft, und es schlendern Tausende von Kennern, Köchen und Touristen an den Ständen vorbei, werfen prüfende Blicke auf die Knollen und feilschen um den Preis. Doch so manche Knolle wechselt am Auto schnell den Besitzer. Jedes Jahr werden sie teurer und manchmal schier unbezahlbar, wenn die Ernten mager ausfallen. Immer ist die Trüffel eine Kostbarkeit und von solcher Intensität, dass nur wenige Millimeter genügen, die dann wie »abgeraspelte Holzspäne« auf den Tagliatelle ruhen. In der Hügellandschaft der Langhe werden die Trüffel von

Oben: Wie eine Trutzburg ragt das Castello Grinzano Cavour in die albanesische Landschaft. Dort ist die größte und älteste Önothek des Piemonts untergebracht. Unten: Zauberhafte Wandfresken im Restaurant »Operti 1772 da Fausto« in Cherasco. Rechte Seite: Auf sanften Hügeln wachsen die Trauben des berühmten Barolo und Barbaresco.

abgerichteten Hunden gesucht, denn Trüffelschweine sind in Italien verboten, weil sie den Boden zu sehr verletzen. Da die Fundorte nicht geschützt sind, ziehen die *trifolai* schon im Morgengrauen los, damit niemand sieht, unter welcher Eiche, Linde, Weide oder Pappel sie fündig geworden sind.

Die Trüffel war schon für die Griechen und Römer ein wichtiges Aphrodisiakum, und selbst der asketische Bischof Ambrosius von Mailand konnte der Knolle nicht widerstehen. Im Hochmittelalter als Sünde geächtet, durfte die Trüffel in der Renaissance auf keinem vornehmen Tisch fehlen.

... und dazu ein Glas Barolo

Die Kenner behaupten, nichts schmecke besser zu einer weißen Trüffel als ein Glas roter Barolo. Er ist das Aushängeschild des weinseligen Piemont. In den Langhe wachsen die Rebstöcke mit den empfindlichen Nebbiolo-Trauben, die erst nach Jahren ihre Säure verlieren. Ein Barolo muss reifen und entfaltet nach langer Lagerung seinen vollen Geschmack. Darauf sind die Piemonteser sehr stolz, besonders in einer Zeit, die nach der schnellen Reifung fragt, wo so mancher Rotwein schon nach wenigen Jahren die Kellerei verlässt.

Winzer mit Traditionen

Aus dieser Nebbiolo-Traube kommt auch der robustere Barbaresco d'Alba. Eines der bekanntesten Weingüter gehört Aldo Conterno, dem großen alten Mann des Barolo. Seine Kellerei liegt unterhalb von Monforte und sein Spitzenprodukt ist der Vigna Colonello, der nur in guten Jahren produziert wird. So eines war beispielsweise 1996 – und heute kostet eine Flasche rund 240 Euro. Nun haben seine Söhne den Betrieb übernommen, doch es bleibt das Motto der Familie: verbessern, aber die Tradition bewahren. Ganz entspannt äußert sich Valentino Migliorini: »Wer in Monforte keinen guten Wein abfüllt, muss ein Depp sein.« Er stammt aus der Emilia Romagna und hat sich für sein Weingut »Rocche dei Manzoni« die besten Weinberge zusammengekauft und sucht ständig neue Flächen. Er liebt die Abfüllung in Barrique-Fässer und es gefällt ihm sehr, dass ihm so mancher traditionsverhaftete Piemonteser folgt. Seine Riserva-Weine überzeugen durch kraftvolle Dichte und gehören zu den besten Flaschen von Barolo. (Poderi Rocche dei Manzoni, Loc. Manzoni Soprani 5, Monforte d'Alba, Tel. (0175) 784 21; Poderi Aldo Contero, Loc. Bussia Soprano, Monforte d'Alba.)

OSTERIA DELL'ARCO IN ALBA – EIN MEKKA FÜR SLOWFOOD

Die Geschichte beginnt in Bra, einige Kilometer westlich von Alba. Dort hatte Carlo Petrini mit einigen Freunden den Kampf gegen Fastfood aufgenommen und gründete Slowfood. Eine Schnecke wurde zum Logo für die Langsamkeit. Schnell fand diese Idee Anhänger bei Gastronomen und Lebensmittelherstellern wie Bäckern, Metzgern, Brauern, Geflügelzüchtern. Petrini eröffnete die als Genossenschaft geführte »Trattoria Bocondivino« und wenig später die »Osteria dell'Arco« in Alba. Die Küche bringt auf den Tisch, was die Region der Langhe an Gutem zu bieten hat. Wie die beliebten Agnolotti, Teigtäschchen mit Kaninchenfüllung oder Schmorbraten in Barolo und als Dessert eine Orangenbavaroise. Natürlich werden die Weine aus dem Piemont serviert. Das könnte ein Barolo von Elio Grasso sein oder ein Barbaresco Vanotu von Giorgio Pelissero.
Osteria dell'Arco: Piazza Savona 5, Alba, Tel. (0173) 36 39 74, ww.osteriadellarco.it

WEITERE INFORMATIONEN ZU ALBA

Piazza Risorgimento 2, Alba, Tel. (1073) 3 58 33, www.comune.alba.cn.it

Oberitalien

17 Der Lago Maggiore: Inseln und blühende Gärten

Sanfte Ufer für Romantiker

Er ist der zweitgrößte See Italiens und seine obere Hälfte liegt in der Schweiz. Durch seine sanfte, grüne Uferlandschaft wirkt er viel romantischer als der von Bergen eingerahmte Comer See. An den Hängen wachsen Kamelien, Azaleen und Eisenkraut, lateinisch Verbena, und dies hat dem See seinen früheren Namen »Lago Verbano« gegeben. Touristischer Mittelpunkt sind die Borromäischen Inseln, die als kleine Solitäre im See liegen.

Oben, unten und rechte Seite außen: Der Borromeo-Palast auf der Isola Madre ist umgeben von einem herrlichen Garten und besitzt eine romantische Grotte. Rechte Seite: Ein Meisterwerk der Gartenkunst sind die Anlagen der Villa Taranto in Verbania.

Am Westufer, in Arona, steht das Denkmal von Carlo Borromeo, dem Kardinal und Erzbischof von Mailand, der 1598 im Schloss Arona geboren wurde. Er spielte in der katholischen Kirche eine bedeutende Rolle und wurde schon bald nach seinem Tod heiliggesprochen. Die Skulptur ist begehbar und aus den Augen kann man weit über den See blicken.

Die Borromäischen Inseln

Im Golf von Verbania, zwischen Stresa und Verbania, liegen die Borromäischen Inseln. Seit dem 12. Jahrhundert waren sie im Besitz der einflussreichen Adelsfamilie Borromeo, heute gehören ihnen Isola Bella und die Isola Madre.
Die bekannteste, Isola Bella, war ursprünglich ein kahler Felsen, bis Vitaliano Borromeo zwischen 1650 und 1671 einen prachtvollen Sommerpalast bauen ließ. Dazu eine pyramidenartige Anlage von zehn Terrassen, ein Meisterwerk barocker Gartenkunst. Im 17. und 18. Jahrhundert gehörte die Isola Bella zu den größten Sehenswürdigkeiten Italiens. Es ist eine Traumwelt aus Botanik und verspielter Architektur, und so flaniert man auf den Terrassen, zwischen Statuen, Springbrunnen und blühenden Rabatten. Im Inneren des Palazzo Borromeo hängen Gemälde von lombardischen Künstlern, die Hauptattraktion ist jedoch das napoleonische Zimmer, wo der französische Kaiser eine Nacht verbracht hat.
Gleich nebenan liegt die Isola dei Pescatori, die seit dem 14. Jahrhundert von Fischern bewohnt ist. Noch heute werden die Fische an den Balkonen der mehrstöckigen Häuser getrocknet. Mittelpunkt ist die Kirche San Vittore. Diese Insel ist als Ausflugsziel wegen ihrer

malerischen Gässchen sehr beliebt, dazu gibt es zahlreiche Fischlokale mit Terrassen am See.
Die größte der vier Inseln ist Isola Madre und bekannt für ihren Englischen Garten, der Anfang des 19. Jahrhunderts angelegt wurde und als herausragendes Beispiel italienischer Gartenbaukunst gilt. Sehr dekorativ sind die weißen Pfauen, die eitel ihre langen Federn zeigen. Der Renaissancepalast ist unbewohnt.
Die Insel San Giovanni ist die kleinste, aber elitärste Insel. Sie liegt vor dem Ort Pallanza, ist im Privatbesitz und darf nicht betreten werden. Dort steht die Villa von Arturo Toscanini (1867–1957), einem der größten Dirigenten unserer Zeit.

Villa Taranto

Ein wahres Mekka für den Gartenliebhaber ist die Villa Taranto am Stadtrand von Verbania. Gut 150 000 Besucher kommen jedes Jahr in dieses Kunstwerk aus Grün, Blumen und Wasser, das Neil Boyd McEacharn schuf. Er stammte aus einer reichen schottischen Familie, die Schifffahrtsgesellschaften und Kohlebergwerke besaß, doch seine Leidenschaft war die Botanik. Mit acht Jahren kam er zum ersten Mal nach Italien, und diese Eindrücke haben ihn nicht mehr losgelassen. Er kaufte das Anwesen La Crocetta und begann 1931 mit der Gestaltung seines Gartens. Dazu benötigte er drei Jahrzehnte und hundert Helfer, um die zwanzig Hektar große Anlage der Villa Taranto in ein Paradies zu verwandeln. Trotz der zahlreichen Besucher gibt es viele Ecken in diesem Garten, wo man völlig alleine ist mit der Blütenpracht und dem Geräusch von plätscherndem Wasser. Besonders idyllisch ist der große Seerosenteich. Als wäre alles bereits vor Jahrhunderten entstanden, so harmonisch haben sich Pflanzen und Mauern eingefügt. Dabei ist der Park kaum mehr als 80 Jahre alt. Sehenswert ist auch das Herbarium, wo McEacharn 1929 alle Kräuter der britischen Insel gesammelt und katalogisiert hatte. Er starb 1964 und wurde in einem Mausoleum zusammen mit seinem Verwalter begraben. Heute gehört die Villa Taranto dem italienischen Staat, seit 1952 ist der Garten für das Publikum geöffnet. Der Ehrgeiz seines schottischen Besitzers hat sich gelohnt.

VAL GRANDE – EIN REICH DER VIPERN

So ganz anders als am lieblichen Lago Maggiore sieht es im Val Grande aus. Es ist ein Hochtal westlich des Lago Maggiore, die höchsten Gipfel im Pedum-Massiv weisen knapp 2000 Meter auf. Viele Jahrhunderte lebten die Menschen von der Almwirtschaft, aber Ende der 1960er-Jahre haben sie diese Landschaft verlassen. Zu rau, zu einsam, zu armselig. Viele der Almhütten verfallen, und unter dem mächtigen Gneisgestein fühlen sich die Vipern wohl. Die Natur hat sich ihr Terrain zurückgeholt. Nun kommen nur noch Wanderer ins Val Grande, das seit 1992 ein Nationalpark ist. Die Anstiege verlangen gute Kondition und Trittsicherheit, bei Regen verwandeln sich die Wege in glitschige Pfade. Am schönsten läuft es sich auf dem ehemaligen Maultierpfad von Cicogna nach Pogallo, die Wanderung dauert knapp zwei Stunden.

WEITERE INFORMATIONEN ZUM LAGO MAGGIORE

Piazza Marconi 16, Stresa,
Tel. (0323) 301 50
Website: www.distrettolaghi.it
Isola Bella: Geöffnet Mitte März bis Oktober täglich von 9 bis 17 Uhr,
Tel. (0323) 05 56
Website Villa Taranto: www.villataranto.it

Am Abend werden die Renaissancefassaden des Schlosses auf der Isola Bella angestrahlt. Die Namensgeberin der Insel war Isabella, die Frau des Erbauers Carlo III. Borromeo. Auf einem kargen Flecken entstand ein Palast und ein wunderschöner Garten, der für seine weißen Pfauen berühmt ist.

Oberitalien

18 Der Comer See: edle Stoffe und herrschaftliche Villen

Paradies vor den Toren Mailands

Wenn sich das Flugzeug zur Landung in Mailand senkt, möchte einem der Atem stehen bleiben. Noch hat man gerade die imposanten Westalpen mit ihren verschneiten Flanken bestaunt, schon kommt der nächste Höhepunkt, denn abrupt bricht das Gestein ab, und es erscheint die grünblaue Wasserfläche des Comer Sees. An seinen Ufern lassen sich elegante Villen in weitläufigen Gärten wahrnehmen, dann öffnet sich die Landschaft, und unter einer Dunstglocke erstreckt sich das Häusergewirr von Mailand bis an den Horizont.

Oben: In Tremezzo liegt die Villa Carlotta, bekannt für die Skulpturen von Canova und den großen Garten. Unten und rechte Seite außen: Nicht weniger elegant ist die Villa Melzi. Auch ihr Garten ist mit Skulpturen dekoriert. Rechte Seite oben: Der Comer See ist bei dem Örtchen Domasco bei Windsurfern sehr beliebt.

Die Stadt Como – eine Stadt schwelgt in Seide

Im Herzen der Stadt liegt die elegante Piazza Cavour, und nur wenige Schritte weiter sieht man den Dom, dessen Kuppel von dem Turiner Barockarchitekten Filippo Juvarra stammt. Daneben stehen der weiß, rosa und schwarz gestreifte Broletto (das frühere Rathaus) und der Stadtturm, Torre del Comune. Doch die meisten Besucher kommen wegen der Seide, denn 70 Prozent der europäischen Produktion werden aus der Stadt am Comer See geliefert. Die großen Namen der Haute Couture und die ambitionierten Händler aus Zürich schwören auf die Seide aus Como, denn die Stoffe sind fließend, matt im Glanz und die Drucke von großer Intensität. Bereits im 15. Jahrhundert befahl der Medici-Herrscher Lorenzo II Magnifico das Pflanzen von Maulbeerbäumen, denn ihre Blätter sind die Nahrung der Seidenraupen.

Einer der Top-Namen für Seide ist das Familienunternehmen Mantero. Der Firmensitz ist ein Palast mit Kristalllüstern, Tapeten und Kissen aus Seide, traumhafter Chinoiserie. Seit mehr als hundert Jahren werden hier Seidenstoffe produziert. Ein Spaziergang durch die Altstadt von Como ist für die Liebhaber der edlen Stoffe die pure Verführung wegen der Vielfalt der Muster und wunderschönen Farben. Das Seidenmuseum bietet einen umfassenden Einblick in die Herstellung der Seidenstoffe.

Villa Vigoni

Anfang des 19. Jahrhunderts kam Heinrich Mylius an den Comer See und kaufte 1829 die Villa Vigoni in Menaggio.

Der erfolgreiche Frankfurter Unternehmer und Mäzen war ein Schöngeist, der mit Goethe, Schiller und Wieland korrespondierte. In dem herrschaftlichen Anwesen, heute im Besitz der Bundesrepublik, werden Symposien und Freiluftkonzerte organisiert. Ganz im Sinne von Mylius und seinem letzten Nachfahren, dem weltfremden Don Ignazio Vigoni, der das Haus 1983 als einen »Sitz für hohe deutsch-italienische Kunst« zur Verfügung stellte.
Nach Voranmeldung ist eine Führung durch den Park möglich, die Besichtigung des Hauses allerdings nur dann, wenn keine Seminare stattfinden.

Villa Carlotta

Ein wenig südlicher, in Tremezzo, liegt die Villa Carlotta. Im Jahr 1690 erbaut, hatte die Sommerresidenz zahlreiche Besitzer und war 1843 das Geschenk der Marianne von Nassau für ihre Tochter Charlotte zur Hochzeit mit Georg II. von Sachsen-Meiningen. Wegen ihrer Kunstsammlung, darunter Skulpturen von Canova und Gemälde von Francesco Hayez, war sie ein beliebter Stopp für die bildungsbeflissenen Reisenden der Grand Tour. Berühmt ist der sieben Hektar große Garten mit Azaleen, dem Bambuswald und den Bonsais. Kanzler Konrad Adenauer, der in den 1950er- und 1960er-Jahren seine Ferien in der Villa Collina im Nachbarort Cadenabbia verbrachte, soll einen Schlüssel zum Gartentor besessen haben.

Villa Melzi

Bellagio ist wohl der schönste Ort am Comer See. Allein die Lage am Ufer, dazu sein mittelalterliches Ambiente mit den engen Gassen und aufwendigen Treppenaufgängen, mit schicken Cafés und luxuriösen Hotels sollte man gesehen haben. Gleich am Ortseingang liegt das imposante Gebäude der Villa Melzi. Erbaut zu Beginn des 19. Jahrhunderts im neoklassizistischen Stil, gehörte sie Francesco Melzi d'Eril, einst italienischer Vizepräsident von Napoleons Gnaden. Natürlich war der französische Kaiser sein Gast, ebenso die Königsfamilie von Savoyen. Heute ist die Villa Melzi in Privatbesitz, das Haus kann nicht besichtigt werden, sondern nur die Parkanlagen und ein kleines Museum, das in einer Orangerie beheimatet ist. Die Villa Melzi gehört zu den Veranstaltungsorten des jährlichen Lake Como-Festivals.

HOTEL VILLA D'ESTE IN CERNOBBIO

Als mächtiger weißer Klotz liegt die Villa d'Este am Ufer des Comer Sees bei Cernobbio. Im Jahr 1568 als Residenz eines Bischofs erbaut, wurde der Palast 1873 zu einem Luxushotel umgewandelt. Wunderschön eingerichtete Zimmer und ein traumhafter Park machten die Villa d'Este zu einem Treffpunkt der Aristokratie. Sie ist bis heute ein Anziehungspunkt der gesellschaftlichen Elite geblieben. Berühmt unter den Liebhabern alter Autos ist der alljährliche »Concorso d'Eleganza«, bei dem die schönsten Oldtimer (nebst Besitzern) ihren großen Auftritt haben und von einer Jury bewertet werden.
Ein unvergessliches Erlebnis ist der Bootsausflug zum Inselchen Comacina mit seinen Fischerhäusern und der romanischen Kirche San Giacomo. Hier leben auch Künstler, um sich von der Schönheit der Insel inspirieren zu lassen.
Informationen: Via Regina 40, Cernobbio, Tel. (0800) 8 52 11 00
Website: www.lhw.com/villadeste

WEITERE INFORMATIONEN ZUM COMER SEE

Piazza Cavour, Como, Tel. (031) 26 97 12
Website: www.lakecomo.org
Como: Museo didattico della Seta, Via Castelnuovo 1, Tel. (031) 03 01 80, www.museosetacomo.com

Der Comer See mit seinen vielen Buchten und den bewaldeten sanften Bergen ist eine Symphonie aus Grün und Blau. Viele der Villen am Seeufer gehören den Reichen aus Mailand, die am Wochenende der geschäftigen Stadt entfliehen.

Oberitalien

19 Mailand: die Königin der Mode

Shopping und Kunst auf höchstem Niveau

Gegen elf Uhr morgens füllen sich die Straßen mit den berühmten Modeadressen. Eine Stunde später sieht man schon den Tanz der Einkaufstüten, beschwingt durch den animierten Gang seiner Trägerinnen. Doch Männer erliegen der Macht der verführerischen Schaufenster in der Via della Spiga und Via Monte Napoleone nicht weniger, dem Sog der allgewaltigen Namen wie Prada, Gucci oder Armani. Es wird studiert und kopiert, gekauft oder nur Begierde geweckt.

Irgendwann wird man vom Modeviertel ausgespuckt und landet auf der hektischen Via Alessandro Manzoni, wo die uralte orangefarbene Straßenbahn, Mopeds, Motorroller und Autos um ein Weiterkommen kämpfen. Ständig rumpeln Räder über die unebenen Quadersteine, und nur mit stoischer Gelassenheit kann man überleben.

»La Scala«

Endlich ist die Piazza della Scala in Sicht und an ihrer Stirnseite das bedeutendste Opernhaus Italiens. Ein hellgraues unscheinbares Gebäude, doch innen warten rote Samtsessel, und bei den Premieren gibt es ein Schaulaufen der Abendroben, Pelzmäntel und Brillantcolliers. Die Opernsaison beginnt an Sant'Ambrogio, dem 7. Dezember, und es ist immer ein unvergesslicher Abend, denn in der Scala zu singen oder zu dirigieren, gilt als Höhepunkt einer großen internationalen Karriere. Wer auf sich hält, geht nach der Aufführung ins »Sala della Scala«, das sich bei Tage hinter den faden Vorhängen versteckt, als wolle es gar nicht bemerkt werden.

Glanz und Zeitgeist in der »Galleria«

Von dort aus führt der Weg zur imposanten Galleria Vittorio Emanuele II. Es soll »il salotto di Milano« sein, doch der Zeitgeist hat im Wohnzimmer der Mailänder seine untrüglichen Spuren hinterlassen. Das distinguiert-elegante »Restaurant Savini« grüßt mit verrammelten Fensterläden, gegenüber aber, bei »MacDonald's« und »Autogrill«, sind alle Tische besetzt. Dennoch: kein fettes, gelbes »M« ist zu sehen, sondern beinahe diskret stehen die Firmennamen in goldenen Lettern auf schwarzem Grund. Da fehlt das Marktschreierische vieler Boulevards, die in dunkelbraunem Holz eingerahmten Schaufenster lassen die Taschen von Prada, die Schuhe von

Oben, unten, rechte Seite unten: Das Aushängeschild Mailands ist die Galleria Vittorio Emanuele II. Noch immer beeindrucken die Fassaden der großbürgerlichen Geschäftshäuser, kann man sich an den Glaskuppeln begeistern. Rechte Seite oben: Nicht weniger imposant ist der Dom von Mailand, der zu den größten gotischen Kathedralen der Welt zählt.

Oberitalien

Oben: Das gewaltige Castello Sforzesco hat nichts von seiner düsteren Ausstrahlung verloren. Mitte: Eine typische Boutique auf der schicken Via Montenapoleone. Unten: Ein ernstes Gesicht schaut auf die Piazza 8 Novembre 1917. Rechte Seite unten: Die orangefarbene Trambahn bringt etwas nostalgisches Flair ins hektische Mailand.

Tod's oder die funkelnden Kristalle von Swarowski noch wertvoller erscheinen. Die Galleria wurde in der Mitte des 19. Jahrhunderts nach den Plänen von Giuseppe Mengoni gebaut, und noch heute bezaubern die hohen Arkaden, die gewaltige Glaskuppel und der Marmorboden mit seinen Mosaiken aus Tierkreiszeichen. Man sagt, die Mailänder treten gerne auf die Genitalien des Stieres, das solle Glück bringen.

Opulenter Stilmix: der Dom

Gleich nebenan steht der Dom von Mailand, der zu den größten gotischen Kirchen der Welt zählt. Ganz oben thront eine goldene Madonnenstatue, von den Mailändern ganz liebevoll »la Madonnina« genannt. Berühmt und umstritten ist die Fassade, ein Sammelsurium aus Gotik, Renaissance und Klassizismus, denn die Bauzeit dauerte ein gutes halbes Jahrtausend. Bei schönem Wetter sollte man auf das Dach gehen, dann reicht der Blick bis weit in die Alpen. Eine eigenwillige Sehweise, denn man schaut durch Fialen, vorbei an Statuen und Wasserspeiern. Das Innere des Doms wirkt eher düster, nur das Licht, das durch die bemalten Glasfenster fällt, bringt eine freundliche Stimmung in das gewaltige Gebäude. Am Apsisfenster ist das Wappen der Herzogsfamilie Visconti zu sehen, eine Schlange, die einen Mann verschluckt.

Leonardos »Abendmahl«

Ein wirkliches Muss in Mailand ist Santa Maria delle Grazie, denn dort haben sich zwei berühmte Künstler vereint. Im Auftrag von Ludovico il Moro hatte Donato Bramante ab 1492 die Kirche erbaut, und im Refektorium ist eines der bedeutendsten Gemälde des Abendlandes zu sehen: das »Abendmahl« von Leonardo da Vinci. Erst vor kurzem wieder restauriert, ist dieses Gemälde auch die Mühe des langen Schlangestehens wert. Der Künstler hat jenen Moment festgehalten, als Jesus den Aposteln mitteilt, dass er von einem unter ihnen verraten würde. In der Mitte des Tisches sitzt Christus, wirkt eher statisch und unbeteiligt, während die Jünger in großer Bewegung und Aufregung sind. In den Jahren 1494 bis 1498 malte Leonardo da Vinci das Bild nicht als Fresko, wo die Farben auf nassen Untergrund aufgetragen werden, sondern auf trockenen Putz, was eine Restaurierung sehr schwierig macht.

Ebenfalls im Südwesten liegt die Kirche Sant'Ambrogio, die Heimat des Schutzpatrons der Stadt, des heiligen Ambrosius. Im 4. Jahrhundert kämpfte er als Bischof von Mailand gegen die Spaltung der Kirche und gründete 379 diese Basilika. Heute sieht man den Bau aus dem 10. Jahrhundert, ein imposanter Eingang zwischen zwei Glockentürmen führt ins Innere. Sehenswert sind die Kanzel, die mit ihren Säulen und Bögen einen frühchristlichen Sarkophag stützt, und das Ziborium aus romanischen Säulen, das den goldenen Altar überragt. Der Namenstag von Sant'Ambrogio am 7. Dezember ist ein wichtiger Feiertag in Mailand und vielen Teilen Norditaliens.

Kunst und Leben im Viertel von Brera

Ein urbanes Viertel, nördlich des Domes und abseits der teuren Straßen, ist das Viertel von Brera. Dominiert wird es

Mailand: die Königin der Mode

vom Palazzo di Brera, wo die Kunstakademie und die Pinakothek untergebracht sind. Als Hauptwerke hängen dort Piero della Francescas »Pala Montefeltro«, Andrea Mantegnas »Der tote Christus«, Raffaels »Mariä Vermählung« und Carlo Crivellis »Madonna della Candeletta«. Ganz zauberhaft ist »Der Kuss« von Francesco Hayez, eines der meistkopierten Gemälde des 19. Jahrhunderts. Durch die Studenten der Akademie sind die kleinen Gassen geprägt. Viele Restaurants haben ihre Tische auf das Kopfsteinpflaster gestellt, dazwischen kleine Boutiquen und Buchläden. Blumenkästen hängen an den Fenstern und schaffen eine fast kleinstädtische Atmosphäre im hektischen Mailand mit seinen knapp 1,5 Millionen Einwohnern. Auch etwas weiter nördlich, in der Via Garibaldi, reihen sich kleine Läden aneinander. In dieser verkehrsberuhigten Straße sieht man keine internationalen Modeketten, keine Technomusik dröhnt übers Trottoir, sondern ganz individuelle Ideen lassen einen vor den Schaufenstern verharren.

Trutzburg der Sforza

Ein wahrhaft trutziger Bau in rotem Backstein ist das Castello Sforzesco. Die Burg wurde einstmals von der Adelsfamilie Visconti errichtet, aber mit Ende ihrer Herrschaft im 15. Jahrhundert wieder zerstört. Der neue Regent, Francesco Sforza, baute einen gewaltigen Renaissancepalast, der um mehrere Innenhöfe angelegt ist. Die Herzöge lebten im Corte Ducale, in prachtvoll dekorierten Räumen wie der Camera di Griseldis oder der Sala delle Asse, deren Gemälde Leonardo da Vinci zugesprochen werden. Der schönste Innenhof ist der Cortile della Rochetta, er wurde von Bramante und Filarete geplant. Im Castello Sforzesco sind heute die Museen Civiche Raccolta d'Arte Antica untergebracht, und ihr Aushängeschild ist die unvollendete Skulptur »Pietà Rondanini« von Michelangelo.

LUNCH BEI BULGARI

Der Unterschied könnte nicht größer sein. Noch eben die lärmgeplagte Via Manzoni, wo pausenlos die Autos über das bucklige Kopfsteinpflaster donnern, dann, um zwei Ecken vorbei an herrschaftlichen Häusern, trifft man auf einen herrlichen Garten in völliger Ruhe. In den warmen Monaten sind die Tische im Garten eingedeckt und das Braun der Sitzmöbel hinter zeitgenössisch weißer Architektur, kombiniert mit dem weitläufigen Grün, verleiht ein sofortiges Wohlgefühl. Serviert werden unprätentiöse Gerichte wie Spaghetti all'arrabiata oder Scaloppine al limone und viel Salat, alles zu höchst vertretbaren Preisen. So liegen die Nudelgerichte bei 15 Euro, ein Glas Weißwein bei 7 bis 9 Euro, was für das Zentrum Mailands eine Verführung zu einer Mittagspause ist. Sehr beliebt ist dieses Restaurant als Treffpunkt zum abendlichen Aperitif. Das Glas Prosecco gehört in Mailand zum Beginn eines angenehmen Abends.
Via Fratelli Gabba 7b, Mailand,
www.bulgarihotels.com

WEITERE INFORMATIONEN ZU MAILAND

Via Marconi 1, Tel. (02) 72 52 43 01,
www.milanoinfotourist.com

Oberitalien

20 Genua: »La Superba« punktet mit dem alten Hafen

Nicht so gefährlich wie sein Ruf

Viele kommen nach Genua, um gleich wieder wegzufahren. Die einen starten ihre Kreuzfahrt ins Mittelmeer und die anderen nehmen die Fähre zu den Inseln. Noch immer haftet an Genua der Ruch von Gefahr, gilt das Häuserchaos in der Altstadt als unsicher. Dabei ist die Città Vecchia mit ihren romanischen Kirchen, den originellen Geschäften und vielen Lokalen ein aufregendes Erlebnis.

Oben: Mächtige Löwen begrenzen die Treppe zum Dom San Lorenzo. Unten: Die roten und gelben Fassaden bestimmen das Gesicht der Altstadt. Rechte Seite: Die Fußgängerzone Via Garibaldi bezaubert mit Palästen und eleganten Geschäften.

Wer durch die Via Garibaldi, Via Balbi oder Via Cairoli spaziert, staunt über die prachtvollen Adelspaläste, die sich dort entlangziehen, und nur wenige Minuten entfernt gelangt man in das dunkle, enge Gassenchaos der *carrugi*, die hinunter zum *antico porto* führen.

Glanzvolle Vergangenheit

Das pulsierende Herzstück dieser Stadt war der Hafen, denn während des Mittelalters beherrschte die Flotte Genuas das westliche Mittelmeer. Schon der erste Kreuzzug 1096 zur Eroberung Jerusalems war ein Prestigeerfolg, denn eine bedeutsame Beute war die Asche von Johannes dem Täufer, die als Reliquie in der Kathedrale San Lorenzo verehrt wird. In der größten Schlacht des Mittelalters wurden die Pisaner 1284 vernichtend geschlagen, und mit der verbleibenden Republik Venedig arrangierte man sich schlecht und recht. Die Seeleute aus Genua galten als furchtlose Eroberer und hatten das Glück, immer neue Länder zu entdecken – der berühmteste unter ihnen war Christoph Columbus. Selbst die Piraten, die Plage des Mittelalters, machten einen großen Bogen um die Schiffe mit der weißen Flagge und dem roten Kreuz. Die goldene Zeit der Seerepublik Genua war jene unter der schillernden Persönlichkeit des Andrea Doria (1466–1540). Er schmiedete eine finanzielle Allianz mit dem spanischen Kaiser Karl V. als Hauptgeldgeber, so dass die Genueser Kaufleute, in der Banca di San Giorgio vereint, blendende Geschäfte machten. Mit den Familien Spinola, Doria, Pallavicini, Fieschi und Grimaldi wurde Genua zur reichsten Stadt Europas. Im 16. Jahrhundert ließen aristokratische Familien Prachtstraßen wie die Via Balbi, Via Cairoli und Via Garibaldi bauen, und man wetteiferte um den schönsten Palast. Der renommierte Maler Peter Paul

Oberitalien

Oben: Der Mittelpunkt Genuas ist die Piazza Ferrari mit ihren Wasserspielen.
Mitte: Die Via Brigata Liguria zeugt von der Geschäftigkeit der Hafenstadt.
Unten: Der Nachbau einer historischen Caravelle ist im Hafen vertäut. Rechte Seite unten: Heute ist der einst vernachlässigte Hafen wieder ein Treffpunkt für Einheimische und Besucher.

Rubens konnte über diese Pracht nur staunen und dokumentierte 28 dieser Fassaden für sein Buch »I palazzi di Genova«, das 1622 erschien.

Zusammenbruch und neuer Aufschwung

Das sah im 20. Jahrhundert ganz anders aus, denn Ende der 1960er-Jahre war die Stahlindustrie zusammengebrochen, die Stadt steckte in einer tiefen Depression, die Altstadt war vergammelt, dreckig und asozial. Erst der 500. Jahrestag der Entdeckung Amerikas durch Christoph Columbus 1992 mobilisierte neue Kräfte.

So hauchte Genuas Stararchitekt Renzo Piano mit »Il Bigo« dem vernachlässigten Hafengebiet neues Leben ein, und das krakenartige Gebilde einer stählernen Krankonstruktion an der Calata Cattaneo ist zum neuen Wahrzeichen der Stadt geworden. Erst waren die eher konservativen Einheimischen wenig begeistert, doch nun ist mit dem größten Meerwasseraquarium Europas ein wahrer Touristenmagnet entstanden.

Morbider Charme in engen Altstadtgassen

Doch jenseits des Rummels hat auch die Altstadt von der wiedererwachten Euphorie profitiert. Die Gassen sind sauberer geworden, dennoch liegt der Charme des Morbiden und ein wenig Muff über den hineingequetschten Häusern. Aber schon wird die Aufmerksamkeit auf die wuselige Geschäftigkeit in den zahllosen Läden und Lädchen gelenkt, wo man alles nur Denkbare kaufen kann. Mittendrin liegt die romanische Kirche San Donato, wo alte Frauen am Vormittag ihren Rosenkranz beten und eine Kerze anzünden. Als hätte man die Zeit ein wenig angehalten – wie in der Drogheria Torielli in der Via Chiabrera, kurz vor dem Hafen. Es ist der älteste Gewürz- und Kräuterladen Genuas, fein säuberlich sind die Schätze in Gläsern aufbewahrt, es riecht nach orientalischen Gewürzen, fremdartigen Kräutern. Bestimmt liegen in einer der Schubladen geheimnisvolle Rezepturen.

Dann dringt ein neuer Geruch in die Nase, nach etwas Essbarem, denn unter den Laubengängen der Via Antoni Gramsci bieten zahlreiche Garküchen und Bars ligurische Köstlichkeiten an. Und über dem Kopf rattert die Strada Sopraelevata, der Betonwurm einer Hochstraße, die 1964 gebaut wurde und wie ein Fremdkörper die kleinteilige Altstadt von ihrer Lebensader Hafen trennt. Schon 2005 sollte sie durch einen Tunnel ersetzt werden, aber auch in Genua können die Uhren sehr langsam gehen.

Auf der Via Garibaldi

Im Jahr 2004 war Genua Kulturhauptstadt, und endlich bekam das einst so elegante Gesicht der Stadt frische Farbe. Nun ist das Flanieren auf der Via Garibaldi eine pure Lust und ein Kunstgenuss. Auf 250 Metern stehen allein 14 Paläste, gebaut zwischen 1550 und 1716. Darunter sind zwei Palazzi mit den bedeutenden Gemäldesammlungen der Stadt zu sehen, mit Werken von Tiepolo, Veronese, van Dyck, Rubens im Palazzo Bianco und Dürer und Caravaggio im Palazzo Rozzo gegenüber. Die Via Garibaldi geht in die Via Cairolo über,

Genua: »La Superba« punktet mit dem alten Hafen

dann folgt die Via Balbi. Paläste ohne Ende, und bei der Nummer 10 steht der strenge Palazzo Reale, der frühere Wohnsitz des Hauses Savoyen. Der Ball- und Spiegelsaal wurde im schönsten Rokoko dekoriert, und vom Garten des Schlosses aus kann man auf den Hafen sehen.

Rund um die Piazza Ferrari

Der städtische Mittelpunkt ist die gewaltige Piazza Ferrari mit ihren nicht minder imposanten Wasserspielen, ein Denkmal der einstigen Größe Genuas. Der Platz wird eingerahmt vom Teatro Carlo Felice, der Kunstakademie (Pinacoteca) und dem rot schimmernden Börsenpalast. Dort beginnt die schönste Einkaufsstraße der Stadt, die Via XX Settembre, ein großstädtischer Boulevard mit schicken Geschäften, Kinos und Cafés. Schließlich – ganz lebensnah – kommt man nach vielen Luxusboutiquen zum Eingang der Markthalle, dem Mercato Orientale, der Genua von seiner unverfälschten Seite zeigt.

Das elegante Gebäude des Palazzo Ducale liegt ebenfalls an der Piazza Ferrari, doch der Haupteingang befindet sich an der wesentlich bescheideneren Piazza Matteotti. Die einstige Residenz des Dogen von Genua mit ihren schönen Innenhöfen ist heute ein Kulturzentrum, die Räume werden für Ausstellungen genutzt. Von der Piazza führt eine Fußgängerzone bis zum Dom San Lorenzo mit seinem auffallenden schwarz-weißen Streifenmuster. Sehenswert sind die romanischen Säulenreihen im düsteren Innern und die reich dekorierte Cappella di San Giovanni Battista, wo angeblich die Asche von Johannes dem Täufer aufbewahrt wird.

Für Naschkatzen gibt es noch ein Muss in Genua und zwar die »Antica Pasticceria Fratelli Klainguti« auf der Piazza Soziglia im Centro Storico. Gegründet wurde sie 1824 von einem Schweizer, und in diesem Ambiente voller Patina steht man den Verführungen von Kuchen oder Eiscreme machtlos gegenüber.

PORTOFINO

Portofino könnte der schönste Ort Italiens sein, mit Sicherheit ist er der teuerste. Ein Spielplatz der Superreichen wie der Fiat-Familie Agnelli, deren dunkelblaue Segelyacht im Hafen von Portofino eine wahre Augenweide war. In der Saison quillt der Ort über, und der Kenner sucht den Herbst und gar das schlechte Wetter. Selbst dann leuchten die kleinen Häuser rund um die bezaubernde Bucht, rollen die Wellen temperamentvoll auf den Strand, findet man ohne Probleme einen Stuhl in den Cafés. Der Kunstbeflissene erobert die Abbazia di San Fruttoso, sie liegt auf der anderen Seite der Halbinsel und ist in zweistündigem Fußmarsch oder mit dem Boot zu erreichen. Die weiße Abtei thront inmitten von Pinien und Olivenbäumen und stammt aus dem 11. Jahrhundert. Geöffnet von Mai bis September täglich von 10 bis 18 Uhr. **Informationen:** Via Roma 35, Portofino, Tel. (0185) 26 90 24, www.apttigullo-liguria.it

WEITERE INFORMATIONEN ZU GENUA

Aeroporto Cristoforo Colombo: Tel. (010) 601 52 47
Stazione Principe: Tel. (010) 246 26 33
Website: www.apt.genova.it
Mit der »Card Musei« kann man 22 städtische Museen besuchen. Die 48-Stunden-Karte kostet 16 Euro.

Oberitalien

21 Riviera di Levante: atemberaubende Ausblicke auf das Mittelmeer

Eine der beliebtesten Urlaubsregionen

In Genua beginnt der schönste Teil der italienischen Riviera, die nach dem Golf von La Spezia in Marina di Carrara endet. Die Sahnestückchen sind zweifellos das exklusive Portofino, das traumhaft gelegene Portovenere und das äußerst beliebte Naturschutzgebiet der Cinque Terre. Orte wie Portofino oder Santa Margherita Ligure waren schon Urlauberziele in den 1950er-Jahren, während die bergige Cinque Terre erst seit dem Wandertourismus in aller Munde ist.

Oben: aufgereihte Fischerboote im Hafen von Vernazza. Unten: Die bunten Fassaden der schmalen Häuser am Hafen sind das Wahrzeichen von Portofino. Rechte Seite: Noch sind viele Stühle in den Hafenrestaurants von Portofino unbesetzt. Das kann den Reiz des Bilderbuchdorfes nur verstärken.

Portovenere – Spielplatz der Götter

Sehr malerisch liegt Portovenere an der Spitze einer Halbinsel am Eingang des Golfes von La Spezia, der sich auch mit dem Namen »golfo dei poeti« schmückt. Das gegenüberliegende Lerici war ein Treffpunkt englischer Dichter, und der bekannteste unter ihnen, Lord Byron, soll mehrmals am Tag von seinem Sommerwohnsitz in Lerici zur Arpaia-Grotte unterhalb der Kirche von Portovenere geschwommen sein. Auf der äußersten Felsspitze sitzt die gotische Kirche San Pietro, ein wahrer Blickfang mit ihrer schwarz-weißen Marmorfassade. Nicht weniger charmant sind die bunten, sehr schmalen, mehrstöckigen Häuser entlang der Uferpromenade. Im milden Nachmittagslicht kommt es zu einem Wettstreit der Fassaden, und souverän überstrahlen das kräftige Rot und Gelb die Pastelltöne der Nachbarn. Hoch oben hockt eine Genueser Festung und dominiert den mittelalterlichen Ortskern von Portovenere.

Lerici – Zufluchtsort der Poesie

Im frühen 19. Jahrhundert war das verschlafene Fischerdorf Lerici eine Zufluchtsstätte für englischsprachige Poeten. Der Ire William Butler Yeats, Lord Byron und D. H. Lawrence verbrachten hier den Sommer. In dem Dörfchen San Terenzo, westlich von Lerici, lebte der Schriftsteller aus reichem Hause, Percy B. Shelley, der 1822 bei Livorno ertrank.
Heute gehört das 13 000 Einwohner große Lerici zu den beliebten Ferienorten an der ligurischen Küste. Kein Wunder bei diesem Panorama, man schaut über den Golf von La Spezia, mitten im üppigen Grün sitzt das Castello di Lerici.

Oberitalien

Oben: Portofino am Abend, da kann niemand den teuren Restaurants an der Marina widerstehen. Mitte: Als gewaltiger Felsklotz heben sich die Cinque Terre aus dem Mittelmeer. Unten: Einer der fünf Orte der Cinque Terre ist Vernazza. Rechte Seite unten: Die Häuser von Riomaggiore drängen die Berge hinauf.

Die Festung wurde von den Pisanern im 13. Jahrhundert erbaut, als Gegenpol zur genuesischen Burg in Portovenere. Über zahllose Treppengassen muss man den Ort erobern, und mit viel Glück kann man eine der schicken Villen entdecken, die sich hinter großen Hecken verstecken. Am Abend sitzt man an der Bucht und genießt den Sonnenuntergang über dem Meer.

Cinque Terre – das schönste Wandergebiet Liguriens

Der zwölf Kilometer lange, felsige Küstenstreifen zwischen Monterosso al Mare und Riomaggiore ist eine landschaftliche Sehenswürdigkeit, und die Pfade entlang der Küste haben dieses Stückchen Ligurien zu einem höchst begehrten Ziel von Wanderern gemacht. Die fünf Orte Monterosso, Vernazza, Corniglia, Manarola und Riomaggiore gaben dieser Region ihren Namen, die in 1950er-Jahren noch völlig auf sich gestellt war. Man lebte ein ärmliches Dasein aus Fischfang, Olivenanbau und etwas Weinproduktion. Bis heute haben die Dörfer sich ihr ursprüngliches Bild erhalten, leider hat sich der Tourismus negativ ausgewirkt. Es werden nur überteuerte Unterkünfte angeboten, und auch das Essen lässt viele Wünsche offen.

Auf dem »Sentiero azzurro«

Doch für den Wanderer werden alle Träume wahr. Noch heute gibt es keine Straße, die die Dörfer miteinander verbindet, es bleibt nur das Schiff oder der Zug La Spezia–Genua. Am schönsten allerdings ist es, wenn man die Landschaft des Nationalparks und Weltkulturerbes der UNESCO erwandert. Der »Sentiero azzurro« führt entlang der Küste von Dorf und zu Dorf und dauert fast fünf Stunden. Leider ist dieser Pfad in der Saison hoffnungslos überlaufen, trotz der Gebühren, die seit 2002 verlangt werden. Doch die Ausblicke sind so sensationell, dass davon nur wenige abgeschreckt werden. Manchmal aber hängt eine Schlechtwetterfront über den Cinque Terre und appelliert an die Hartgesottenen. Dann wird das Mittelmeer zu einer Furie, schleudert dunkelgraues Wetter mit Macht gegen die Küste, die salzhaltige Luft zaust die Blätter der Rebstöcke und Olivenbäume. Doch ein paar Minuten hält der Sturm inne, die Sonne wirft ihr helles Licht auf die Steilhänge und die Terrassen mit den Weinbergen, von unten schimmert das Azurblau in den Wellenkämmen, dann rollen schon die nächsten schwarzgrauen Wolken heran und es regnet in Strömen. In solchen Stunden fühlt man sich eher auf die Shetlandinseln versetzt als in eine mediterrane Idylle.

Von Vernazza in die Berge nach Corniglia

Auch das winzige Örtchen Vernazza zeigt an diesem Tag einen ruppigen Charme, und ganz verschreckt stehen die wenigen Besucher auf der sonst so romantischen Piazza und blicken ins tobende Schauspiel. Die Luft ist erfüllt von den Brechern, die gegen die Betonmauer knallen und ihr schäumendes Wasser als Fontänen auf die Mole niedergehen lassen. Einzig die Fischer scheinen diesen Tag zu genießen, denn das Meer lässt heute kein Boot sicher aus dem Hafen kommen. Sie stehen an

Riviera di Levante: atemberaubende Ausblicke auf das Mittelmeer

einer kleinen Bar, trinken einen trockenen Weißen aus der Cinque Terre und amüsieren sich über die spitzen Gesichter der Touristen. Selbst der beliebte, extrem steile Treppenweg in das Ortszentrum findet keinen Liebhaber. Die meisten flüchten zum Bahnhof. Dabei führt einer der schönsten Wege von Vernazza ins Bergdorf Corniglia. Ein wahrer Kontrast zu den Küstenorten, denn Corniglia liegt hoch über dem Meer inmitten von Weinterrassen. Abgeschnitten vom Badebetrieb, ist es ein typischer Ort der Cinque Terre. Graues Gestein, enge Gassen und viel Stille. Doch herrliche Ausblicke auf das Meer, eine schmale Treppe führt hinunter in die Hafenbucht Corniglia Marina.

Auf dem »Liebesweg«

Gut zwei Stunden läuft man in den nächsten Ort, Manarola, dessen mehrstöckige Häuser wie Adlerhorste in die Steilhänge geklebt sind. Am Bahnhof beginnt die legendäre Via dell'Amore, die 1930 angelegt wurde und nach Riomaggiore führt. Aus dem Pfad ist mittlerweile eine betonierte Rennstrecke geworden und der zwanzigminütige Spazierweg fordert keinerlei Anstrengung. Früher haben sich hier die Verliebten aus beiden Dörfern zum Stelldichein getroffen, daher soll der Name kommen. Riomaggiore ist der östlichste Ort der Cinque Terre, hier wurden wenige Zugeständnisse an den Tourismus gemacht. In dem engen Tal muss der geringe Platz geteilt werden, nur die Hauptstraße führt wie eine machtvolle Schneise unmittelbar zum Hafen, an der Seite drängen sich die schmalen, turmhohen Häuser mit ihren typischen bunten Fassaden. Es fehlt eine zentrale Piazza, deshalb trifft man sich vor den Haustüren. Auch im Hafen gibt es nur Raum für die Fischerboote.

EIN KLASSIKER, DER DIE SPREU VOM WEIZEN TRENNT

Eine beliebte Wanderung in den Cinque Terre ist die Tour von Riomaggiore nach Portovenere. Sie dauert knapp fünf Stunden und führt durch Weinberge, Wald und Felslandschaft. Von Riomaggiore geht es zunächst anderthalb Stunden bergauf, vorbei an der Wallfahrtskirche Madonna di Montenero. Dann ist die erste größere Anstrengung geschafft, denn sehr angenehm lässt es sich im Wald bis nach Campiglia laufen. Nun kommt der schmale Pfad durch die Felsen mit traumhaften Ausblicken auf das Mittelmeer. Schließlich geht es abwärts nach Portovenere, es ist ein anstrengender Abstieg. Doch wie so oft an dieser Küste wird man mit einem herrlichen Panorama entschädigt – und nicht zu vergessen, mit dem Restauranttisch im Hafen von Portovenere.

WEITERE INFORMATIONEN ZUR RIVIERA DI LEVANTE

Portovenere: Piazza Bastreri, Tel. (0187) 79 06 91, www.portovenere.it
Lerici: Via Bagnini, Loc. Venere Azzurra, Tel. (0187) 96 73 46
Website: www.aptcinqueterre.sp.it
Wandertouren: Via Fegina 40, Monterosso al Mare, Tel. (0187) 81 70 59 (nur im Sommer), www.aptcinqueterre.sp.it, www.italienwandern.de

Oben: Die weltberühmte Kuppel des Doms von Florenz. Mitte: Majestätisch und beinahe abweisend kühl wirkt das Innere des Doms von Orvieto. Unten: Nach einem Tag in Florenz ist nichts verlockender als der Hotelpool von Castello del Nero. Rechte Seite: Blick auf Assisi mit der Kirche Santa Maria Maggiore.

Mittelitalien

Mittelitalien

22 Bologna: »La grassa e la dotta e la rossa«

Die Stadt des roten Steins

Man möchte es kaum glauben, die hektische Geschäftsstadt Bologna gilt als kulinarische Metropole des Landes, was in Italien kein leichtes Unterfangen ist. Doch diese weite Ebene der Emilia Romagna zwischen Po und dem Apennin besteht aus fruchtbarer Erde. Sie wird »la grassa«, die Fette, genannt, weil hier Essen zu einer großen Leidenschaft werden kann. Aber auch der Geist wird genährt und manche sagen »la dotta«, die Gelehrte, weil in Bologna eine der ältesten Universitäten Europas steht.

Da fehlt noch ein Spitzname, nämlich jener von »la rossa«. Man könnte die Altstadt meinen, denn das völlig intakte Ensemble aus Backsteinbauten schimmert in elegantem Rot und Dunkelgelb. Aber die meisten meinten eher die kommunistische Stadtregierung, die Bologna für – in Italien unglaubliche – 54 Jahre regiert hatte.

An der Piazza Maggiore

Die Regierung sitzt im Palazzo Comunale an der souverän angelegten Piazza Maggiore, wo sich schon Päpste und Könige getroffen haben. Vor dem Palast steht der Neptunsbrunnen, den Giambologna 1563 bis 1566 mit herrlichen Bronzefiguren verzierte, zuoberst ein adonisgleicher Neptun mit dem Dreizack. An der Piazza Maggiore, dem Herzstück Bolognas, steht auch die gotische Basilika San Petronio. Ursprünglich sollte sie größer als der Petersdom werden, doch dann entschied man sich, lieber das benachbarte Universitätsgebäude zu finanzieren. So blieb die obere Fassade des gewaltigen Gebäudes unvollendet. Über dem Hauptportal sind eindrucksvolle Reliefplatten des Bildhauers Jacopo della Quercia aus Siena angebracht, der auch die Kapelle der mächtigen Bologneser Familie Bentivoglio in der Kirche San Giacomo Maggiore geschaffen hatte. Im Inneren des Doms überrascht imposante Gotik mit zehn riesigen Backsteinpfeilern, die das elegante Gewölbe stützen, und mit den 22 aufwendig dekorierten Seitenkapellen macht diese Größe schon fast Angst. Andererseits beeindruckt die erhabene Schlichtheit dieses vielleicht schönsten gotischen Raums, der in Italien zu sehen ist. Hier wurde der mächti-

Oben: Die Via Rizzoli führt zu den Torri pendenti, im Bild ist der Torre degli Asinelli zu sehen. Unten: Ein Gemüsehändler in der Altstadt zeigt die Vielfalt der Gemüse- und Obstsorten aus der Emilia-Romagna. Rechte Seite: Nachtszene in der Altstadt Bolognas.

Mittelitalien

Oben: In der Via Drapperie reihen sich die Stände mit Obst und Gemüse aneinander. Mitte: Nichts ist schöner als ein Kaffee in den engen Straßen. Unten: Am Abend wird aus dem Cappuccino ein Aperitif. Rechte Seite unten: An der Piazza Porta Ravegnana stehen die beiden letzten Geschlechtertürme der Stadt. Rechte Seite oben: Die Kirche San Petronio.

ge Karl V. von Papst Clemens VII. im Jahr 1530 zum Kaiser gekrönt und hier tagte zeitweise das Konzil von Trient, als die Gelehrten von der Pest vertrieben wurden.

Anatomiestudien im Archiginnasio

Links hinter San Petronio liegt das Archiginnasio, bis 1803 der Sitz der Universität von Bologna. Wie in Padua sind der Hof, die Wände und Treppenaufgänge mit den Wappen von Adligen dekoriert, die hier studiert haben. Noch heute ist im Archiginnasio das Teatro anatomico zu sehen. Die Wandtäfelung aus Tannen- und Zedernholz verleiht dem eigentlich nüchternen Vorlesungsraum eine unglaubliche Wohnlichkeit. Oberhalb der Sitzreihen stehen die Statuen berühmter Ärzte des Altertums und bedeutender Mediziner der Universität Bologna. An der Stirnseite hängt ein Baldachin über dem Professorenkatheder, getragen von zwei lebensgroßen Holzstatuen von Menschen ohne Haut, die das Spiel der Muskeln studieren lassen.

Wahrzeichen der Stadt: die zwei Geschlechtertürme

Ganz in der Nähe der Piazza Maggiore steht ein Wahrzeichen der Stadt, die Torri degli Asinelli und Garisenda. Tausende von Autos schieben sich jeden Tag an den letzten beiden Geschlechtertürmen Bolognas vorbei, es sollen einstmals 180 dieser Aushängeschilder von Macht und Reichtum gewesen sein. Die beiden Adelstürme aus dem 12. Jahrhundert neigen sich zueinander. Der Torre degli Asinelli mit seinen 97 Metern ist nur leicht geneigt, bei guter Kondition kann man seine 498 engen Holzstu-

fen hinaufsteigen und wird mit einem tollen Ausblick über die Stadt belohnt. Nur halb so hoch und ziemlich schief ist dagegen der Torre Garisenda.

Leben und schlemmen unter Arkaden

Von den Türmen gelangt man in die Via Zamboni, die zur berühmten Universität führt. Ihre Markenzeichen sind die schier endlosen Arkaden, vierzig Kilometer Laubengänge soll es in Bologna insgesamt geben. In Palästen des 17. und 18. Jahrhunderts sind die Fakultäten untergebracht. Die Stadt zählt immerhin 100 000 Studenten, und so hat sich eine Art Campusmentalität in den Arkaden entwickelt. Oftmals sind die Säulen bunt bemalt, mit Plakaten beklebt und mit Graffiti besprüht. Hier lassen sich originelle und preiswerte Bistros finden. Doch das Mekka des wahren Fressens liegt in den Marktgassen östlich der Piazza Maggiore. In der engen Via Pescherie Vecchie und in der Via Drapperie reihen sich die Lädchen mit Gemüse und Obst aneinander. Ein Schlaraffenland bietet »Tamburini«, der berühmteste Feinkostladen Bolognas, wo seit dem Jahr 1932 die Schinkenkeulen von der Decke hängen, in den Vitrinen stapeln sich die Käselaibe, Salamis und andere Würste, ganz zu schweigen von den hausgemachten Tortellini, Lasagne, Cannelloni, Tagliatelle und Gnocchi, die auch als kleine Gerichte im Bistro »VeloCibo« verkauft werden (www.tamburini.com).

Auch die »Osteria del Sole« sollte man besuchen, eine kleine, verräucherte Kneipe, die bereits 1486 zum ersten Mal erwähnt wurde. Ein Stück Geschichte

Bologna: »La grassa e la dotta e la rossa«

Bolognas, wo es nur Wein zu trinken gibt, das Essen kann man sich vom häuslichen Herd selbst mitbringen (Vicolo Ranocchi 1).

Der »Flaschenmaler« Giorgio Morandi

Nach so viel Schlemmerei wäre wieder einmal etwas Kunst angesagt: Der international renommierte Maler und Grafiker Giorgio Morandi wurde im Jahr 1890 in Bologna geboren. Dort besuchte er auch die Kunstakademie und befasste sich ab 1918 mit der *Pittura metafisica*. Sein Thema waren Gefäße aller Art, sie machten ihn als »Flaschenmaler« weltberühmt. Beinahe banale Gegenstände bekamen in seinen Zeichnungen und Ölgemälden eine faszinierende Würde verliehen, vergleichbar mit den Stillleben von Cézanne. Morandi starb 1964 an Lungenkrebs in seinem Atelier an der Via Fondazza. Viele seiner Bilder und Zeichnungen sind im Museum Morandi zu sehen, das im Palazzo Comunale untergebracht ist.

Schnelle Autos

In Bologna werden die Liebhaber schneller Autos an Maserati denken. Die Firma wurde 1914 von Ettore, Ernesto und Bindo Maserati gegründet. Das Logo des Dreizacks wurde vom Neptunsbrunnen entlehnt. In den 1950er-Jahren bestimmte Maserati das Geschehen auf den Rennpisten, und 1957 gewann der Argentinier Juan Manuel Fangio die Formel-Eins-Meisterschaft. Heute gehört Maserati zum Fiatkonzern, und die Autos werden in Monza hergestellt. Nur 30 Kilometer östlich von Bologna liegt Imola, und der alljährliche Große Preis von San Marino bringt den Ort für ein Wochenende in die Schlagzeilen der Weltpresse. Im Autodromo Enzo e Dino Ferrari verunglückte Ayrton Senna 1994 tödlich, eines der größten Talente des Autorennsports.

RAVENNA – AUSHÄNGESCHILD BYZANTINISCHER KUNST

Schon die eigenwillige Architektur der Basilika San Vitale lenkt alle Blicke auf sich. Es ist ein achteckiger Rundbau mit einer Zentralkuppel, innen mit Marmor und Mosaiken ausgekleidet. Die große Attraktion ist das Presbyterium, denn dort ist das weltberühmte Mosaik des Kaiserpaares Justinian und Theodora zu sehen: eingerahmt von dem Gründungsbischof mit dem Kirchenmodell auf der rechten Seite, gegenüber der Namenspatron San Vitale. In der Apsis thront Jesus auf einer türkisfarbenen Weltkugel. Das Kunstwerk wurde im 6. Jahrhundert angefertigt und noch heute verblüfft die Leuchtkraft der Farben.
In Ravenna vollendete Dante Alighieri seine »Göttliche Komödie« und starb, verbannt, im Jahr 1321. Ein kleines Kuppelhäuschen in der Nähe der Piazza Garibaldi beherbergt seine sterblichen Reste. Im Dante-Museum sind Handschriften, Skulpturen und Bilder des Dichters zu sehen.
Informationen: Via Salara 8–12, Ravenna, Tel. (0544) 3 54 04
Website: www.turismo.ravenna.it

WEITERE INFORMATIONEN ZU BOLOGNA

Piazza Maggiore 6, Bologna, Tel. (051) 23 96 60
Website: www.bolognaturismo.info
Die »Carta Bologna dei Musei« kostet 6 Euro für einen Tag und 8 Euro für drei Tage.

Mittelitalien

23 Ferrara und Modena: Spielplatz der Familie d'Este

Zentren großer Kunst und Kultur

Sie waren machtgierig und skrupellos, doch das Adelsgeschlecht der Familie d'Este gehörte im späten Mittelalter zu den führenden Herrscherhäusern Europas. Wer nicht ins Konzept passte, wurde ermordet oder vergiftet. Aber als Mäzene der Kunst zogen sie so bedeutende Maler wie Tizian, Bellini und Mantegna, Schriftsteller wie Petrarca, Tasso und Ariost an ihren Hof. Es entstanden zwei prachtvolle Renaissancestädte, Ferrara und Modena.

Ferrara: prunkvolle Paläste und ein gewaltiger Dom

Im Jahr 1244 übernahm Nicoló II. die Macht in Ferrara, seither ist die Geschichte der Stadt die Geschichte der Familie d'Este. Sie lebten im Castello Estense, das sich mit seinen vier Ecktürmen aus dem Zentrum emporhebt. Ein imposantes Schloss aus rötlichem Backstein, umgeben von einem breiten Wassergraben. Der einstige Prunk eines Treffpunkts von Geld und Kunst lässt sich nur mehr erahnen, denn die Säle sind leer, lediglich ein paar Fresken sind im Salone dei Giochi zu sehen.

Am Castello beginnt die Hauptstraße, der Corso della Giovecca, gesäumt von Backsteinbauten. Ihre Fassaden in hellerem oder dunklerem Rot, gelegentlich mit gelblichen Schattierungen, dazu die alten Straßenpflaster aus silbergrauem Flusskiesel verleihen der Altstadt ein sehr warmes Ambiente. An der Nummer 170 liegt die Palazzina di Marfisa d'Este und vermittelt einen Eindruck von der Vornehmheit der Renaissancehäuser Ferraras. Marfisa d'Este war eine sehr schöne Frau, die Torquato Tasso gekannt und bewundert hat. An der Via Scandiana steht der Palazzo Schifanoia, die ehemalige Sommerresidenz der Familie d'Este aus dem Jahr 1385. Sehenswert in dem heutigen Museo Civico d'Arte Antica ist der Salone dei Mesi mit den schönsten Fresken der Stadt, die leider sehr schlecht erhalten sind. Sie stellen Szenen aus dem höfischen Leben des Auftraggebers Borso d'Este dar sowie einen Monatszyklus. Beim Palazzo dei Diamanti am Corso Ercole d'Este ist die Fassade ein Blickfang, weil 12 000 Steine in Form von Diamanten behauen wurden. Doch die Strenge dieser Rustika-Fassade wird durch die weiße und zartrosa Farbe

Oben: Das mächtige Castello Estense zeugt von der Macht und dem Reichtum der Familie d'Este. Unten: Ein Ausschnitt aus der prachtvollen Fassade des Doms in Ferrara. Rechte Seite oben: Sehr dekorativ zieht sich die Treppe des Palazzo Comunale nach oben. Rechte Seite außen: Die berühmten Borsalinos.

gemildert. Im ersten Stock wurde die Pinacoteca Nazionale eingerichtet, mit Bildern der Schule von Ferrara.
Ferraras Stadtbild wird von dem kapitalen Dom beherrscht, der zwischen dem 12. und 14. Jahrhundert errichtet wurde und die Einflüsse von Romanik und Gotik zeigt. Auffallend ist die Westseite wegen der drei in Höhe und Breite genau gleichen Fassadenteile. An den Reliefs der Fassade sieht man das Jüngste Gericht mit den Seligen, die das Paradies erreichen, und den Sündern, die in die Hölle wandern. Das Dommuseum ist einen Besuch wert.

Modena: uraltes Domportal und bedeutende Gemälde

Auch nach Modena reisen viele wegen des Doms, eines der bedeutendsten romanischen Bauwerke im nördlichen Italien. Eingekleidet in eine helle Marmorfassade mit einem reich verzierten Hauptportal, das flankiert wird von zwei Reliefs des lombardischen Bildhauers Wiligelmo. Zu sehen sind die Erschaffung von Adam und Eva, die Vertreibung aus dem Paradies, Kain und Abel und die Arche Noah. Dies ist das älteste Figurenportal Italiens. Noch drei weitere Portale führen in die Kirche, wie die Porta dei Principi, Regia und della Pescheria, was auf die Nähe einer Fischhalle schließen lässt. Doch fällt der Blick zuerst auf den Glockenturm, die 90 Meter hohe Ghirlandina, die wie die Kirche um 1100 begonnen wurde, aber erst 200 Jahre später fertiggestellt werden konnte, da man sich über die Höhe und das Dekor nicht einigen konnte. Durch den sumpfigen Untergrund steht er etwas schief, doch seit Jahrhunderten hat sich der Turm nicht mehr bewegt. Man kann bis zum fünften Stock hinaufsteigen. Auch in Modena herrschte das Adelsgeschlecht der d'Este, von 1280 bis 1798. Danach wurde die Stadt von den Habsburgern übernommen. Schon 1597 jedoch musste sich die Familie zurückziehen, der letzte d'Este war kinderlos gestorben und das ehemalige Lehen des Papstes wurde wieder in seinen Kirchenstaat eingegliedert. Neben der Kirche liegt der Palazzo dei Musei, dort sind die Galleria sowie die Biblioteca Estense untergebracht. Die Gemäldegalerie vermittelt einen Eindruck von der Sammelleidenschaft dieser reichen Familie, zu sehen sind unter anderem ein früher El Greco, eine dreiteilige Orgeltür von Veronese, Bilder von Tintoretto, Correggio und Velázquez. Zu den Raritäten der Bibliothek gehört eine Ausgabe von Dantes »Göttlicher Komödie« aus dem Jahr 1481. Eine Landkarte von 1501 zeigt als eine der ersten die Reise von Kolumbus in die Neue Welt. Außerdem sind prachtvolle Miniaturzeichnungen ferraresischer Künstler in einer Bibel des Borso d'Este zu bewundern.

KULTOBJEKTE IN DER GALLERIA FERRARI

Zwanzig Kilometer südlich von Modena, in Maranello, liegen die Werke von Ferrari, die heute zu Fiat gehören. Von Enzo Ferrari 1945 gegründet, bestimmen seine Rennwagen noch heute die Szene der Formel Eins. Auch als Straßenwagen sind seine rassigen Modelle hochbegehrt. Am schönsten im klassischen Ferrari-Rot.
In der Galleria Ferrari kann man sein rekonstruiertes Arbeitszimmer, die legendären Motoren und viele Oldtimer besichtigen.
Via Dino Ferrari 43, Maranello,
Tel. (0536) 94 32 04. Täglich geöffnet von 9.30 bis 18 Uhr.

WEITERE INFORMATIONEN ZU FERRARA UND MODENA

Piazza Grande 14, Modena,
Tel. (059) 2 03 26 60
Websites: www.comune.modena.it, www.provincia.fe.it

Mittelitalien

24 Florenz: Geduld kommt vor dem Kunstgenuss

Hier vereinten sich Geist und Geld

Das kleine Florenz ist eine der großen Kunstmetropolen der Welt und ein imposantes Aushängeschild der Renaissance. Es war die Zeit der einflussreichen Medici und ihres exzellenten Kunstgeschmacks. Für drei Jahrhunderte drängten Kunst und kluger Geist in die Stadt am Arno und setzten Maßstäbe für die europäische Kultur.

Hier begegnet man all den großen Namen abendländischer Kultur: Galilei, da Vinci, Botticelli, Michelangelo, Giotto und Brunelleschi – manchmal ist es fast ein bisschen viel auf einmal.

Schätze in der Galleria degli Uffizi

Jeden Tag drängen Tausende zu den Bauwerken, Malereien und Skulpturen der Renaissance. Auch an jenem Märztag, als das Thermometer in der Nacht auf den Gefrierpunkt gefallen war und wässerige Schneeflocken auf das Pflaster der Piazza della Signoria klatschten. Vorsichtig lugten ein paar Gesichter unter Anorakkapuzen hervor und betrachteten die Kopie des »David« auf der Piazza della Signoria, dann strebten sie weiter zu den Uffizien, der größten Gemäldesammlung Italiens. Gegenüber vom Eingang müssen die reservierten Eintrittskarten abgeholt werden – anstehen. Schon ein großer Menschenpulk wartet auf das Öffnen von Tor eins »für reservierte Karten« – anstehen. Endlich ist es soweit – 300 Körper in nassen Anoraks schieben sich gegen ein Drehkreuz, wo zwei Uniformierte die Eintrittskarten abreißen. Ein lautes Hallo von Leuten, die sich in dem Gedränge verloren haben, eine Lehrerin sucht ihre Schulkinder und beschimpft fremde Leute, weil sie ihre Schützlinge abdrängen. Die Schlauen gehen zuerst die Treppe hinauf zu Giottos »Madonna di Ognissanti« in Raum 3, vorbei an »Madonna alla Cava« von Mantegna und dann zur göttlichen »Geburt der Venus« von Botticelli. Vielleicht gibt es eine einzige Minute ungestörter Betrachtung vor dem berühmtesten Bild der Stadt. Bei Tizians »Venus von Urbino« hängt nur ein kleiner Zettel, dass das Bild momentan in Tokio wäre. »Nie würde der Pariser Louvre die ›Venus von Milo‹ ausleihen«, schimpft eine Dame. In Raum 29 hängt »Die Heilige Familie« von Michelangelo, dann kann man durchatmen

Oben: Blick von der Piazzale Michelangelo auf die Altstadt von Florenz. Unten: Die berühmte »Paradiespforte« am Baptisterium. Es ist eine Kopie, das Original hängt im Dommuseum. Rechte Seite: Bei soviel klassischer Schönheit fehlen die Worte: die Domkuppel von Florenz.

Mittelitalien

Oben: In der Abendsonne leuchtet der Palazzo Vecchio in seinem roten Stein. Unten: Nur einen Katzensprung vom Zentrum entfernt, liegt die Villa La Massa. Rechte Seite oben: Kleines Wettrudern im Stehen auf dem Arno. Rechte Seite außen: Das Baptisterium von Florenz ist ein Wunderwerk an künstlerischer Fertigkeit.

und einen Blick auf die schönen Glasfenster werfen, die den gesamten ersten Stock durchziehen.

Die Uffizien wurden 1560 als Verwaltungsgebäude von Giorgio Vasari gebaut, und auf schriftliche Anfrage kann man den Corrodoio Vasariano besichtigen, diesen 400 Meter langen Korridor, der den Palazzo Vecchio mit den Uffizien und dem Palazzo Pitti auf der anderen Seite des Arno verbindet. Auf diesem geheimen Weg konnte die Familie Medici ungesehen zwischen ihren Palästen flanieren. Heute hängen in dieser Passage Gemälde aus dem 17. und 18. Jahrhundert.

Auf dem Ponte Vecchio

Die älteste Brücke der Stadt ist ein Wahrzeichen von Florenz, und immer sind dort Besucher zu sehen. Gebaut im Jahr 1345, waren hier zunächst die Fleischer und Schmiede zu Hause, doch der Gestank ihrer Abfälle und der Lärm aus den Werkstätten verärgerten die Florentiner. 1593 zogen die Juweliere und Antiquitätenhändler ein und ihre winzigen Geschäfte sind noch heute ein großer Anziehungspunkt. In der Mitte der Brücke steht die Skulptur des berühmten Goldschmiedes Benvenuto Cellini. Schaut man vom Ponte Vecchio auf das Ufer des Arno, wird man einen Grünstreifen mit etlichen Tischen und Bänken erkennen. Diese kleine Idylle »in bester Lage« gehört zum Ruderclub Società Canottieri Firenze, dessen Räume in den früheren Stallungen der Uffizien untergebracht sind. Dort liegen die eleganten Rennboote, stehen die Trainingsgeräte. Beinahe täglich treffen sich die Grandseigneurs des feinen Clubs zum Plaudern über ihre vergangene sportliche Ära oder blättern interessiert in den zahllosen Zeitungen. Wenn die Sonne scheint, dann sitzen sie im Freien und haben den schönsten Blick auf den Ponte Vecchio.

Auf der anderen Arno-Seite

Auf der anderen Seite des Arno steht der Palazzo Pitti. Es war ein Auftrag des Bankiers Pitti, der mit dem gewaltigen Bauwerk den reichen Medici Paroli bieten wollte, doch ruinöse Geschäfte zwangen ihn zum Verkauf des Palastes an seine Widersacher. Er wurde die Hauptresidenz der Medici, und heute sind hier zahllose Kunstwerke aus ihrer Sammlung zu sehen. Wenige Meter weiter rechts kommt man ins beschauliche Viertel von Oltrarno mit seinen kleinen Gassen und wenigen Fremden. Hier liegen die Werkstätten der Handwerker, die Florenz berühmt machten. Wie das marmorierte Papier von Giulio Giannini oder die Stein-Einlegearbeiten (*commessi*) in Tischplatten und Wandbilder bei »Pitti Mosaici« auf der Piazza Pitti, die handgedruckten Porträts und Pläne von Florenz bei »L'Ippogrifo Stampe D'Arte« in der Via S. Spirito. Ganz in der Nähe liegt auch »Aprosio«, wie magisch wird man in dieses elegante Geschäft gezogen und steht staunend vor Colliers, Armbändern und Abendtaschen aus feinsten Perlen (Via S. Spirito 11).

Ein schöner Mann in der Galleria dell'Accademia

Nach soviel freiem Herumschlendern ruft die reservierte Eintrittskarte zur Disziplin, denn den »David« in der Galleria dell'Accademia muss man gesehen

haben. Geschaffen 1504 von Michelangelo, stand er lange Zeit auf der Piazza della Signoria und wurde 1882 in den schützenden Raum eines Kunstmuseums gebracht. Mit seiner Größe von mehr als fünf Metern beherrscht er mühelos das Halbrund, daneben wirken seine Bewunderer wie Zwerge. Minutenlang bleiben ihre Blicke an dem idealisierten, kraftvollen Körper des David kleben, an der Plastizität seiner Rippen, Muskeln und Venen, der Ausdruckskraft seiner Hände – alles in schimmerndem Marmor. In der Galleria stehen auch die vier Skulpturen der »Sklaven«, die der begnadete Bildhauer für das Grabmal von Papst Julius II. anfertigte, die grandiosen Skulpturen wurden jedoch später den Medici geschenkt.

Überragt von einer riesigen Kuppel: der Dom

Die Menschenschlange vor dem Domeingang kann mutlos machen. Aber die Kuppel von Santa Maria del Fiore ist weltberühmt als Meisterleistung des Renaissancekünstlers Brunelleschi. Mit ihrer Höhe von 107 Metern und einem Durchmesser von 45 Metern ist sie gewaltiger als das Pantheon in Rom und wurde 1436 ohne ein Baugerüst errichtet. Im Inneren sind Fresken vom »Jüngsten Gericht« zu sehen, die von Giorgio Vasari gemalt und von Zuccari vollendet wurden. Auch das Baptisterium, gegenüber der Kathedrale, sollte man gesehen haben. Es sind die berühmten Bronzetüren, vor denen die Besucher drängeln. Besonders die Szenen aus dem Alten Testament an der Paradiespforte sind von hohem künstlerischem Niveau. Innen ist die Taufkirche mit herrlichen Mosaiken ausgekleidet.

Das Schuhmuseum Salvatore Ferragamo

Nach so viel Kunst ist die Betrachtung von Schuhmodellen eine Labsal für die Augen. Im Palazzo Spini Ferroni wurde 1995 das Schuhmuseum von Salvatore Ferragamo eingerichtet. Rund 10 000 Entwürfe aus den 20er-Jahren bis zu seinem Tod 1960 sind zu sehen. Bei Neapel geboren, wanderte Ferragamo nach Hollywood aus und fertigte dort die Schuhe für die Filmproduktionen. Sein bekanntestes Paar dürfte jenes von Judy Garland aus »Der Zauberer aus Oz« gewesen sein. Er nähte die Ballerinas für Audrey Hepburn und *high heels* der Marilyn Monroe. Nach 17 Jahren kehrte Ferragamo nach Italien zurück und wurde mit seinen handgenähten Schuhen weltbekannt (Via Tornabuoni 2).

»VILLA LA MASSA« – ERHOLUNG IN EINER EHEMALIGEN MEDICI-VILLA

Wenige Kilometer südlich von Florenz, am Ufer des Arno, liegt die »Villa La Massa«. Der ehemalige Medici-Palast aus dem 16. Jahrhundert wurde in den 1950er-Jahren in ein Hotel umgewandelt. Die 35 Zimmer sind im traditionellen florentinischen Stil eingerichtet. Die »Villa La Massa« ist umgeben von neun Hektar Parklandschaft und bietet die ideale Erholung nach einem »kunstreichen« Tag in Florenz. Besonders stressfrei ist der Transfer in einem kostenlosen Shuttle-Bus ins Zentrum. Dann sitzt man zum Abendessen auf einer Terrasse über dem Arno und lässt sich von toskanischer Küche verwöhnen. Sämtliche Gemüse kommen aus dem eigenen Garten, auch bei den übrigen Zutaten achtet man auf lokale Produkte.
Informationen: Via della Massa 24, Candeli, Tel. (055) 6 26 11
Website: www.villalamassa.it

WEITERE INFORMATIONEN ZU FLORENZ

APT Firenze: Via C. Cavour 1, Tel. (055) 29 08 32, geöffnet 8.30 bis 18.30 Uhr
Information am Flughafen Leonardo da Vinci, Tel. (055) 31 58 74, geöffnet 7.30 bis 23.30 Uhr
Website für Reservierung von Eintrittskarten: www.weekendafirenze.it

Ein Wahrzeichen von Florenz ist der Ponte Vecchio. Früher waren es die Händler, die auf der Brücke ihren Geschäften nachgingen. Heute drängeln sich die vielen Besucher, aber die Juwelierläden haben nichts von ihrer Beliebtheit verloren.

Linke Seite: Das ehemalige Benediktinerkloster Badia a Coltibuono bei Gaiole ist seit 1846 ein privates Weingut und bekannt für seine Chianti Classici. Rechte Seite oben: Blick über das Chianti-Tal, das von sanften Hügeln geprägt wird. Rechts außen: Im Hotel Castello del Nero schläft man unter mittelalterlicher Freskenmalerei.

Mittelitalien

25 In den Bergen des Chianti

Die großen Namen des Weinbaus sind allgegenwärtig

Das Chianti-Gebiet ist das größte Weinland in der Toskana und erstreckt sich von Florenz bis Siena. Schon 1716 wurde die Region des Chianti Classico festgelegt, ein früher Vorläufer der heutigen *Denominazione*. Rund um das Örtchen Montepulciano wächst der Vino nobile di Montepulciano und war lange Zeit der beste Wein aus der Toskana, bis der Rivale aus Montalcino den ersten Platz beanspruchte. Das heutige Flaggschiff der toskanischen Weinkultur kommt aus der Region Montalcino, 40 Kilometer südlich von Siena.

Chianti Classico – das Weingut Capannelle

Mitten im Herzen des Chianti, in Gaiole, liegt das Weingut Capannelle. Es gehört James Sherwood, der als Besitzer der Orient Express Group sein Geld mit feinen Hotels und exklusiven Zügen verdient. Kein Wunder, dass viel Glanz in dem heutigen Weingut in Capannelle zu erwarten ist, seit der Amerikaner als Partner des römischen Industriellen Raffaele Rosetti einstieg, der im Jahr 1975 ein verfallenes Bauernhaus kaufte. Nur 70 000 Flaschen werden im Jahr abgefüllt und 8000 davon können im Hightech-Weinkeller lagern.

Nicht nur der Anblick wirkt utopisch, allein die Möglichkeit, über ein Passwort zu erfahren, wie es dem gerade gekauften Wein geht und wie hoch sein Wertzuwachs ist, hat etwas Futuristisches (Gaiole in Chianti, Capannelle 13, www.capannelle.com).

Vin Santo – die Fattoria di Montagliari

Der Vin Santo ist der klassische Dessertwein der Toskana. Bernsteinfarben und alkoholreich liegt er im Glas: der Vin Santo, eine reine Essenz aus besten Trauben, verbreitet den Geruch von Rosinen und Honig. Seit 1720 werden in der Fattoria di Montagliari Weine produziert, und dazu gehört eben auch der Vin Santo. Gewonnen wird er aus den Rebsorten Trebbiano und Malvasia, die auf dem Dachboden aufgehängt oder auf Strohmatten getrocknet werden. Das Keltern beginnt dann Ende November und dauert bis Ostern (daher der Name »heiliger Wein«), dann wird der süße Most in kleine Eichenfässer gefüllt, in denen bereits vorher Vin Santo war, und lagert dort für drei Jahre auf dem Dachboden, der *vinsanteria*.

Dort ist er den ständig wechselnden Temperaturen der Jahreszeiten ausge-

setzt, im Winter einer nassen Kälte und im Sommer brütender Hitze (Via di Montagliari 29, Panzano in Chianti, www.montagliari.it).

Vino Nobile di Montepulciano – das Weingut Avignonesi

Wie der Brunello besteht er auch aus einer Sangiovese-Art, dem *Prugnolo gentile*, allerdings kann man den Rotweinen aus Montepulciano bis 30 Prozent aus anderen Sorten beimischen. Das Anbaugebiet liegt in den Hügeln rund um Montepulciano, und eine der großen Kellereien ist das Weingut Avignonesi in dem Örtchen Valiano, das jedes Jahr gut 700 000 Flaschen abfüllt.

Im Jahr 1974 wurde Avignonesi von den beiden Brüdern Ettore und Alberto Falvo gekauft und steht heute unter der Leitung von Ettores Tochter, Elena Falvo. Avignonesi besteht aus vier Weingütern, das Herzstück ist die »Fattoria le Capezzine« mit großem Barrique-Keller, der *vinsanteria* unter dem Dach und in der »Cucina le Capezzine« lassen sich die kräftigen Weine von Montepulciano auf die schönste Art mit dem nahrhaften toskanischen Essen verbinden (Valiano di Montepulciano, www.avignonesi.it).

Das Weingut Castello Romitorio

Die Rebsorte des Sangiovese heißt hier Brunello, und ein Brunello di Montalcino muss zu 100 Prozent aus der heimischen Traube bestehen. Der Wein reift zwei Jahre im Eichenfass und darf erst im fünften (bei Riserva im sechsten) Jahr auf den Markt kommen. Vielen Liebhabern von Rotweinen ist der Brunello zu hart und zu verschlossen, er braucht Zeit, und die empfohlenen zwanzig Jahre Ruhe können die Geduld auf eine harte Probe stellen. Besonders kräftige Weine kommen aus dem Val d'Orcia, dort steht das Castello Romitorio. Es ist im Besitz des italienischen Malers und Bildhauers Sandro Chia. Der Florentiner gehörte zu der bedeutenden Künstlergruppe »Transavantguardia«. Nun widmet er sich mit großer Energie dem Weinmachen. 150 000 Flaschen werden jedes Jahr auf Castello Romitorio abgefüllt und der Star ist der Brunello di Montalcino DOCG, der bei großer Klasse als Riserva auf den Markt kommt. Seine Flaschen tragen selbst entworfene Etiketten, die unter Liebhabern zeitgenössischer Kunst sehr begehrt sind (Via dei Canneti 37 b, San Quirico d'Orcia, www.castelloromitorio.com).

HOTEL »CASTELLO DEL NERO« – RELAXEN UNTER FRESKENMALEREI

20 Minuten von Florenz und Siena entfernt, ist das Hotel Castello del Nero ein idealer Ort, um sich von den überreichen Sehenswürdigkeiten der beiden Städte zu erholen. Die Mauern stammen aus dem 12. Jahrhundert, und diese typische Residenz des toskanischen Adels hat die Zeiten glücklich überstanden, so verfügen viele der 50 Zimmer über wunderbare Freskenmalereien. Vor kurzem komplett renoviert, ist Castello del Nero heute ein Luxushotel, das seine ländliche Umgebung nicht verschweigt. Strada Spiccinao 7, Tavarnelle Val di Pesca, www.castellodelnero.com

CASTELLARE DE' NOVESCHI

Was macht man mit einem mittelalterlichen Turm in einem winzigen Dörfchen? Frederico Minghi hatte ihn geerbt und richtete darin Suiten ein. Es gibt ein Wine-Wellness-Center: Mitten im kleinen Weinkeller steht ein Badezuber und hier, umrahmt von Weinflaschen, liegt man im warmen Wasser, dem Essenzen aus dem Wein von Montepulciano zugesetzt wurden. www.castelaredeinoveschi.com

Mittelitalien

26 Siena, Volterra, Arezzo – im Schatten von Florenz

Kleine Städte mit großen Attraktionen

Als etruskische Städte waren sie die strahlenden Sterne der Toskana. Doch die Politik wendete sich gegen sie, der Streit der Papstfreunde (Guelfen) und der Kaisertreuen (Ghibellinen) ließ sie zu Vasallen des mächtigen Florenz und ihrer Medici werden. Noch heute ist die Stadt am Arno das begehrte Reiseziel, und wenn noch Zeit bleibt, fährt man ins charmante Siena, nach Volterra und Arezzo.

Siena – die Schöne

Noch immer strahlt Siena den Reichtum und die Souveränität vergangener Tage aus. Diese Aura liegt auf den hohen Palästen aus der Sieneser Tonerde, auf dem überwältigenden Dom in seinen dunkelgrün-weißen Marmorstreifen und auf der Piazza del Campo, dem wohl schönsten Platz Italiens. Am frühen Morgen sollte man nach Siena fahren, um dieses Kleinod mittelalterlicher Gotik zu erleben. Dann ist niemand auf dem Campo, außer ein paar Straßenkehrern. Endlich sieht man, wie der legendäre Platz muschelförmig zu beiden Seiten abfällt, sich wie eine Theaterbühne an die gerundeten Patrizierhäuser anschmiegt, überragt vom Glockenturm des Torre del Mangia. Auch die Arkaden der Loggia della Mercanzia, wo sich im Mittelalter die Kaufleute und Geldverleiher trafen, sind noch menschenleer. Bald drängeln sich hier die Menschen in den zahllosen Cafés, da bleibt kein Blick mehr für das Fischgrätmuster aus rotem Backstein zu ihren Füßen.

Der Dom beherrscht die Stadt, und die Kunstliebhaber können Tage darin verbringen. Dazu gehört auch das Dommuseum, die Heimat der »Maestà«, das Meisterwerk des Sieneser Künstlers Duccio di Buoninsegna. Geschaffen für den Hauptaltar des Doms, zeigt es die Muttergottes mit ihrem Kind, umgeben von Engeln und Schutzpatronen der Stadt. Es gilt als Meilenstein in der europäischen Kunst, verblüfft durch seine intensiven Farben und allerfeinste Mosaikeinlagen.

Volterra – die Kantige

Auf dem Weg nach Volterra schneite es in den Colline Metallifere, dann waren die Schauer vorbei, und unter einem stahlblauen Himmel reckten sich die Mauern von Volterra wie ein Adlerhorst empor. Schon von weitem spürt man die Herrschaft des kantigen Steins, noch ver-

Oben: Blick in die Kuppel des Doms von Siena, der mit seinem zweifarbigen Säulenwerk begeistert. Unten: Ganz in der Tradition des geschichtsträchtigen Siena stehen die vielen Antiquitätengeschäfte. Rechte Seite oben: Einen herrlichen Kontrast bildet die rote Sieneser Tonerde der Häuser zu den grünen Zypressen. Rechte Seite außen: Das Aushängeschild Sienas ist der Dom.

stärkt durch die Felsabbrüche Le Balze, die die Stadt im Nordwesten begrenzen. Von dem bedeutenden etruskischen Stadtstaat ist nur mehr das Stadttor Porta dell'Arco erhalten, und die Römer haben das Teatro romano hinterlassen. Geprägt wird Volterra heute von dem mittelalterlichen Ensemble auf der Piazza dei Priori mit dem zinnengekrönten Palazzo dei Priori, dem ältesten Rathaus der Toskana. Auch hier blank gefegter Stein, soweit das Auge reicht. Bekannt ist Volterra für das Museo Etrusco Guarnacci, eine der besten etruskischen Sammlungen Italiens. Darunter sind 600 Graburnen aus Terrakotta, Alabaster und Tuffstein mit Motiven aus der griechischen Mythologie. Einen kleinen Augenschmaus bietet der Palazzo Viti, das Privathaus des Alabasterhändlers Giuseppe Viti, mit seinem prunkvollen Mobiliar und wertvollen Alabasterskulpturen. Noch heute sieht man in der Stadt die Werkstätten der Alabasterkünstler, das wunderbar formbare Mineral wird in der Nähe von Volterra abgebaut. Ein letzter schöner Eindruck wäre ein Spaziergang auf der Promenade vor der Stadtmauer. Die aufgestellten Bänke sind die pure Verführung, besonders wenn eine kraftvolle Märzsonne schon die Vorstellung von Frühling weckt.

Arezzo – die Reiche

Mit Antiquitätenhandel und Schmuckherstellung wird in Arezzo viel Geld verdient, und man sagt, dass man jeden Monat zehn Tonnen Gold benötigt. Im Dunstkreis von Florenz eher ein wenig unterschätzt, gehört der Freskenzyklus »Die Legende vom Heiligen Kreuz« in der Cappella Bacci zu den bedeutenden Kunstwerken in der Toskana. Zwischen 1453 und 1464 von dem Aretiner Piero della Francesca gemalt, zeigt das Nachtbild »Traum des Konstantin« eine revolutionäre Neuerung in der Kunstgeschichte: Zum ersten Mal wird nicht nur der Heilige, sondern die gesamte Szene mit Licht und Schatteneffekten dargestellt.
In der Via XX Settembre liegt das Wohnhaus von Giorgio Vasari, der durch den Bau der Uffizien und die Fresken im Palazzo Vecchio in Florenz berühmt wurde. Auch sein Haus in Arezzo hatte er vom Keller bis zum Dach mit Malereien ausgeschmückt.

DER PALIO VON SIENA

Es gibt eine eigenwillige Zeitrechnung in Siena, jene vor dem Palio und danach. Zu Ehren der Jungfrau Maria finden alljährlich am 2. Juli und 16. August Pferderennen auf der Piazza del Campo statt. Vorbei sind die Zeiten, als stämmige Pferde aus der Maremma ins Rennen geschickt wurden, geritten von einem jungen Mann aus dem jeweiligen Stadtviertel. Heute werden schnelle Halbblüter trainiert, und ihre Reiter, die *fantini*, sind eingekaufte Berufsjockeys. Doch immer noch tragen die *contrade*, die Stadtviertel, hier ihre Rivalitäten aus. Früher konnten alle 17 Bezirke teilnehmen, doch wegen der vielen Unfälle sind nur mehr zehn Pferde zugelassen. Dreimal müssen sie die Piazza umrunden. Gewinner ist das Pferd, das als erstes die Ziellinie überquert, ob mit oder ohne Reiter. Dann wird ihm der Palio, die Siegerschärpe, umgehängt und der glückliche Besitzer hat 10 000 Euro in 90 Sekunden verdient.

WEITERE INFORMATIONEN ZU SIENA, VOLTERRA UND AREZZO

Siena: Piazza del Campo 56, Siena, Tel. (0577) 28 05 51
Volterra: Piazza dei Priori 20, Volterra, Tel. (058) 88 72 57
Arezzo: Piazza Risorgimento 116, Arezzo, Tel. (057) 52 39 52
Websites: www.terresiena.it, www.volterratur.it, www.apt.arezzo.it

Die lichtdurchflutete Landschaft bei Volterra.

Mittelitalien

27 Lucca – eine Stadtmauer mit Lebensqualität

Die Stadt reicher Kaufleute

Auch heute gelangt man nur durch eines der sechs Stadttore ins historische Zentrum von Lucca. Eine gewaltige, unversehrte Mauer mit Türmen und einem breiten Graben schottet die mittelalterliche Stadt von der Außenwelt ab. So eindrucksvoll, dass selbst das angriffslustige Florenz keine Erstürmung wagte, und so blieb das kleine Lucca eine Insel des Bürgertums im Reich der absolutistisch herrschenden Medici.

Die Stadtmauer ist der Stolz aller Luccheser und war zu allen Zeiten in das Leben dieser Stadt integriert. Zunächst als Schutz vor möglichen Feinden, dann als Verkehrsweg, denn erst in den 1980er-Jahren wurden die Autos von der Mauer verbannt, an manchen Stellen sind noch die Reste von Zebrastreifen zu sehen. Heute sind die Wallanlagen begrünt, es wurden Bäume gesetzt, und viele Luccheser nutzen diese Idylle von 4,2 Kilometern zum Radfahren, Joggen und zum Flanieren. Gut 10 000 Menschen wohnen im alten Lucca, während die übrigen 90 000 ein Leben *fuori le mura* vorziehen. Lucca war immer eine wohlhabende Stadt und lebte von Samt- und Brokathandel, heute ist es die Produktion von Papier und Olivenöl. So gilt der Tourismus eher als eine Nebeneinnahme, doch die Luccheser sind sehr liebenswürdig gegenüber den Besuchern. Im alten Lucca ist das Radfahren äußerst beliebt, an allen Ecken lehnen oftmals höchst kuriose Modelle von Zweirädern.

Treffpunkt Piazza San Michele

Es ist der Mittelpunkt der Stadt, beherrscht von der weißen Kirche San Michele in Foro. Hier treffen sich die Einheimischen zu einem morgendlichen Schwätzchen, werden die Zeitungen an den Kiosken sortiert und die Souvenirs für die Touristen ausgepackt. Als römische Siedlung wurden die Straßen von Lucca wie ein Gitterwerk angelegt und machen das Flanieren zu einem sorglosen Vergnügen. Die alten Gassen locken zu einem Spaziergang, besonders jene, wo die Schinken und Salami in den Läden baumeln, wo das typische Gebäck der *bucellati* aus Mehl, Zucker, Anis und Rosinen angeboten wird oder die Säcke mit getrockneten Bohnen, Dinkel und Kastanienmehl an der Eingangstüre lehnen (wie in der »Antica Bottega di Prospero« in der Via S. Lucia 13).

Oben: Der sechsgeschossige Campanile beherrscht das Stadtbild, charmanter ist der Torre Guinigi mit seinen Steineichen auf dem Dach. Unten: Kunst und Kitsch auf dem Antiquitätenmarkt von Lucca. Rechte Seite oben: Die aufwendig dekorierte Westfassade des Doms San Martino. Rechte Seite unten: Blick über die Stadt.

Lucca – eine Stadtmauer mit Lebensqualität

Elegante Geschäfte auf der Via Fillungo

Es ist die schönste Einkaufsstraße von Lucca, geschmackvolle Geschäfte reihen sich aneinander, und die Schaufenster strahlen eine elegante Gediegenheit aus. Keine Billigläden und laute Technomusik stören das ästhetische Empfinden.
Einen Stopp sollte man vor der Nummer 95 machen, das ist der Juwelier Carli. Eingerahmt von dunklem Holz, schaut man auf silberne Teekannen und imposante Servierplatten, vergoldetes Besteck und Brillantcolliers. Als wäre die Zeit für ein paar Jahrzehnte angehalten worden. Nur ein paar Schritte gegenüber wird die Vergangenheit ebenfalls erfolgreich konserviert: In dem österreichisch angehauchten Jugendstilambiente des »Antico Caffè di Simo« traf sich schon Giacomo Puccini mit Freunden.
Der Komponist wurde im Jahr 1858 in Lucca geboren und vor seinem Elternhaus und heutigen Museum im Corte San Lorenzo 9 sitzt er lässig-elegant als Bronzeskulptur.

Wahrzeichen der Stadt: Piazza Anfiteatro und Torre Guinigi

Die ovale Piazza del Mercato war einst das römische Amphitheater. Man hat die Steine abgetragen und zum Bau der Kirchen und Paläste verwendet. Heute wird der Platz von Häusern eingerahmt, in den ehemaligen Eingängen für die Tiere und Gladiatoren sind nun Geschäfte untergebracht, deren Namen auf den Torbögen stehen. Einen Blick ist die »Bottega di Mamma Rò« wert, mit ihrer handgefärbten Tischwäsche und der Keramik nach eigenen Entwürfen. Oder man genießt ganz einfach bei einem Kaffee die ungewöhnliche Form der Piazza.
Ein Wahrzeichen Luccas ist der Torre Guinigi, ein 44 Meter hoher Turm mit Steineichen auf dem Dach. Er gehörte der reichen Kaufmannsfamilie Guinigi und ist einer von ehemals 130 Geschlechtertürmen der reichen mittelalterlichen Stadt. Der zweite, Torre delle Ore, trägt ein großes Zifferblatt mit einer funktionierenden Uhr.

LUCCHESISCHE VILLEN

Im Hügelland von Lucca, wo Wein und Oliven wachsen, stehen die Landvillen der reichen Luccheser Geschäftsleute. Viele der historischen Wohnsitze sind gut erhalten und für das Publikum geöffnet. Wie die Villa Mansi di Monsagrati, wo Puccini die ersten Akte der Oper »Tosca« komponierte. Heute laden vier Appartements zum Wohnen ein, www.villamansi.com.

PISA: MEHR ALS NUR EIN SCHIEFER TURM

Im frühen Mittelalter beherrschte Pisa das westliche Mittelmeer, aufregende Erkenntnisse der Wissenschaft und neue Wege in der Architektur festigten die Vormachtstellung. Aus dieser Epoche stammen das Baptisterium, der große Dom und sein weltberühmter Glockenturm »Torre Pendente«, der nicht nur schief ist, sondern auch sehr schön. Gebaut wurde der Turm im Jahr 1173 auf sandigem Boden und seitdem neigt er sich nach links. Im Jahr 2000 waren es bereits 4,20 Meter, inzwischen überwachen 120 Sensoren seine trotzige Überwindung der Schwerkraft.
Informationen: Piazza Duomo, Tel. (050) 56 04 64, www.pisa.turismo.toscana.it

WEITERE INFORMATIONEN ZU LUCCA

Piazza Santa Maria 35,
Tel. (0583) 91 99 31, www.luccaturismo.it

Mittelitalien

28 Maremma – das einstige Fieberland ist mondän geworden

Naturschutzgebiet mit Etruskerstädten

Bei Rosignano beginnt die Maremma und reicht bis in die Gegend von Orbetello im Dunstkreis des Monte Argentario. Maremma heißt Sumpf, das heißt, über 65 000 Hektar erstreckte sich eine Region, wo die Malaria der unumschränkte Herrscher war. In der Antike gab es hier fruchtbares Ackerland, denn Etrusker und Römer kannten die aufwendige Technik der Entwässerung, doch mit dem Verfall dieser Kulturen kehrten die Sümpfe zurück. Dann versuchten es die toskanischen Großherzöge, jedoch halbherzig, sie gewannen mehr Ackerland, doch die Menschen wurden immer wieder ein Opfer der Fiebermücke.

Oben: Landschaft bei Populonia. Unten: Als Pupluna war es eine der mächtigen etruskischen Städte. Erst Anfang des 20. Jahrhundert wurde diese etruskische Nekropole entdeckt. Rechte Seite: Sonnenaufgang am Monte Argentario. Rechte Seite außen: Eingang zur Tenuta di Badiola mit dem Hotel L'Andana, wo sich Luxus mit Landleben verbindet.

Noch vor 100 Jahren gehörte die Maremma zu den ärmsten Gebieten der Toskana, sie war bekannt für die *butteri*, die Maremma-Cowboys, die die langhornigen Rinder über die Weideflächen trieben. Heute liefern die fruchtbaren Ebenen Gerste, Mais, Obst und Wein. Auch Bodenschätze werden abgebaut und die Kamine der Schwerindustrie ragen bei Follonica in den Himmel.

Alte Bischofsstadt: Massa Marittima

Auf einem Hügel mitten in der Maremma liegt Massa Marittima. Schon zur Zeit der Etrusker und Römer war das Städtchen sehr wohlhabend, denn in den nahe gelegenen Colline Metallifere wurden Eisenerz und Silber gewonnen.

Seine Glanzzeit erlebte Massa Marittima im 9. Jahrhundert, als man es zum Bischofssitz erklärte. Damals zählte der Ort 10 000 Einwohner, daran hat sich bis heute nichts geändert. Alles hat seine fest gefügte Ordnung, die blankgefegten Gassen, die kleinen Geschäfte. An einer Ecke der Piazza Garibaldi wärmen sich ein paar alte Männer in der Morgensonne, lustlos baumeln Mitbringsel an einem Souvenirstand im kühlen Märzwind. Hätte man nicht die vielen markierten Parkplätze vor der Altstadt gesehen, man könnte glauben, der erste und einzige Besucher dieser Woche zu sein. Die trutzigen Fassaden von Dom, Palazzo Pretorio und dem gewaltigen Palazzo Comunale wirken an diesem Morgen allzu mächtig und abwei-

send, auch der Espresso in der einsamen Bar will nicht schmecken.

Wein aus der Maremma

Als solle die Sonne noch sonniger und wärmer erscheinen, so wirkt das Gebäude von Mario Botta bei Suvereto, eine knappe Autostunde westlich von Massa Marittima. Dort hat der bekannte Schweizer Architekt die Kellerei Petra gebaut, in seiner typischen Weise mit runden Formen und warmen Farben. Sein Auftraggeber war Vittorio Moretti, der auch das Weingut Bellavista in der Franciacorta besitzt. Im Jahr 1997 hatte er mit 16 Hektar Land angefangen, heute sind es 300. Viele seiner Weine exportiert der erfolgreiche Bauunternehmer aus Brescia in die USA, die Schweiz und nach Japan. Gegenüber den alteingesessenen Toskaner Familien der Antinoris und Frescobaldis ist er ein Neueinsteiger, doch er hat die Werte der Maremma als Weinland erkannt. Nun werden die Freunde nicht in ein Renaissanceschloss gebeten, sondern in die aufregende Architektur aus dem Beginn des 21. Jahrhunderts. Für die biedere Landschaft der Maremma ist die »Kathedrale des Weins« ein Blickfang. Das aktuelle Aushängeschild heißt Petra 2000, ein Rotwein aus Merlot und Cabernet Sauvignon (www.petrawine.it).

Rinder und Pferde im Naturpark

Ein Stückchen ehemalige Maremma ist übriggeblieben und wird im »Parco Naturale della Maremma« geschützt. Er beginnt in der Nähe von Grosseto und endet am hübschen Badeort Talamone. Viele Landwirte dieser Region haben ihre Bauernhöfe an den Staat verkauft, denn diese extensive Viehzucht kann auf den europäischen Märkten nicht mithalten. Im Naturpark kann man die freilaufenden Maremma-Rinder und Maremma-Pferde sehen, die von den *butteri* beobachtet und gepflegt werden. Das Geld kommt heute aus dem Tourismus, denn für viele Familien aus Rom oder Florenz ist es chic geworden, ihren Urlaub auf einem *agroturismo* zu verbringen. Sie übernachten in alten Gutshöfen der *case coloniche* und können die rustikale Natur dieser Landschaft ganz intensiv erleben. Das könnte Reiten auf stämmigen Maremma-Pferden sein, um die Hügellandschaft der Monti Uccellina zu erleben. Es lockt das Meer, die schönen Strände von Castiglione della Pescaia, Punta Ala und Marina di Alberese sind eine wahre Verführung. Der Herbst bildet den Höhepunkt des toskanischen Landlebens, denn im November wird die Jagdsaison für Wildschweine eröffnet. Aus allen Teilen Italiens reisen dann die Jäger an.

»L'ANDANA – TENUTA DI BADIOLA« – LANDLEBEN AUF FEINE ART

Ganz unvermittelt zeigt sich ein diskretes Schild »L'Andana«, dann öffnet sich ein Tor, und man fährt eine lange Pinienallee entlang. Zu beiden Seiten stehen Rebstöcke. Die Besitzer sind Vittorio Moretti und Alain Ducasse, zwei erfolgreiche Unternehmer. Vittorio Moretti gehören viele Weinberge, der Südfranzose Alain Ducasse ist dagegen ein weltbekannter Koch. Auch dem Restaurant »La Trattoria Toscana« hat er seinen Stempel aufgedrückt, seit letztem Jahr trägt es einen Michelin-Stern. Sein Sous-Chef Christophe Martin steht in der Küche – und nun könnten Crostini mit gebratener Leber auf Rucola serviert werden, danach eine Pasillo aus Erbsen mit Speck und Mozzarella und zum Abschluss Tintenfisch mit Muscheln in Rotweinsauce. Das Frühstücksbuffet wird in der Küche aufgebaut – das ist Landleben auf seine eleganteste Weise (www.andana.it).

WEITERE INFORMATIONEN ZUR MAREMMA

Massa Marittima: Amatur, Via Todini 3–5, Tel. (0566) 90 27 56.
Naturpark Maremma, Website: www.parks.it/parco.maremma

Oben: Der mittelalterliche Charme von Perugia will erobert sein, etwas spröde zeigen sich die starken Mauern und endlosen Treppen.

Oben: Die mittelalterliche Festung Rocca. Unten: Die Kirche San Francesco.

Mittelitalien

29 Perugia: Sienas robuste Verwandte

Universitätsstadt mit etruskischen Wurzeln

Bei Perugia könnte man an Siena erinnert werden, die Lage auf den Hügeln, ein ständiges Bergauf und Bergab der Straßen, doch fühlt man hier das Ernstere des Etruskischen, die roten Backsteinbauten Sienas sind charmanter als das Grau Perugias. Die starken Mauern, gewaltigen Tore und die vielen Gräber weisen auf eine mächtige Stadt im etruskischen Reich hin. Nach dem Maler Perugino wurde die Hauptstraße, der Corso Vanucci, benannt – denn so hieß der Maler mit Familiennamen – sie führt zur Piazza IV Settembre mit dem Dom und dem imposanten Brunnen Fontana Maggiore. Das dreigeschossige Meisterwerk mit seinen umlaufenden Reliefs und Skulpturen stammt aus den Händen von Nicola und Giovanni Pisano. Dahinter steht der Dom, daneben der Palazzo dei Priori, der ein Aushängeschild der mittelalterlichen Kultur Umbriens ist. Das Innere zeigt herrliche Räume, vor allem die Sala dei Notari mit Fresken aus der Schule von Cavalini, die Szenen aus dem Alten Testament darstellen.

Informationen: Piazza Matteotti 18, Tel. (075) 5 72 33 27,
Website: www. perugia.umbria2000.it

30 Assisi – Weltstadt des Glaubens

Ein Höhepunkt für Pilger und Giotto-Verehrer

Das beschauliche Assisi ist eine Weltstadt des Glaubens, alles dreht sich um den heiligen Franz. Zwei bedeutende Kirchen ziehen Tausende von Pilgern an, die Basilika di San Francesco und die Basilika di Santa Chiara. Dort liegt das Grab der heiligen Klara, die sich Franz von Assisi angeschlossen hatte und für die er den Bettelorden der Klarissen gründete. Das hohe, luftige Innere der Oberkirche ist eines der ersten Zeugnisse der nahenden Gotik und wird zum Vorbild für spätere Franziskanerkirchen. Die führenden Künstler der damaligen Zeit wurden mit der Ausschmückung beauftragt. Der geniale Giotto schuf in der Oberkirche ausdrucksstarke und bewegte Fresken über das Leben des Heiligen. Die Cappella di San Martino in der Unterkirche ist mit Fresken von Simone Martini ausgekleidet. Eine ganz ungewöhnliche Darstellung der Kreuzabnahme sieht man in dem Fresko von Pietro Lorenzetti, ebenfalls in der Unterkirche.

Informationen: Piazza del Comune 27, Tel. (075) 81 25 34. Website: www.assisi.umbria.it

31 Orvieto: Der mächtige Dom

Bekannt für seinen Weißwein

Auf einem Felsplateau aus vulkanischem Tuffgestein liegt Orvieto, die ehemalige Etruskerstadt Volsinii, und von dort schaut man in die Ebene mit ihren Weinbergen. Der Mittelpunkt der kleinen Stadt ist der prächtige Dom, der als eines der bedeutendsten Beispiele der italienischen Gotik gilt. Das meisterhaft gearbeitete Basrelief zwischen den Portalen stammt von Lorenzo Maitani aus Siena und stellt Geschichten aus dem Alten und Neuen Testament dar. Weitere Werke des Künstlers sowie Skulpturen von Andrea Pisano sind im Museo dell' Opera del Duomo zu sehen. Zu den künstlerischen Aushängeschildern Orvietos gehört der Freskenzyklus des Jüngsten Gerichtes in der Cappella Nuova des Domes. 1447 fiel die Wahl für die Ausgestaltung der Kapelle auf Fra Angelico, der seinen jungen Gehilfen Benozzo Gozzoli mitbrachte. Doch die beiden wurden vom Papst nach Rom gerufen und kamen nicht wieder, so verpflichtete man Luca Signorelli aus Umbrien, der mit diesem Monumentalwerk zu den großen italienischen Malern des Mittelalters zählt.

Informationen: Piazza del Duomo 24, Tel. (0763) 34 17 72

Oben: Der mächtige Dom beherrscht das kleine Orvieto mit seinen 20 000 Einwohnern. Seine Fassade ist überreich geschmückt.

32 Am Lago di Trasimeno

Friedlicher See mit kriegerischer Vergangenheit

Es ist der viertgrößte See Italiens, umgeben von sanften Hügeln und fruchtbarer Landschaft. Auf einem Felsplateau liegt der Ferienort Castiglione del Lago. Es gibt einen kleinen Sandstrand und man schätzt die ungezwungene Atmosphäre. Von Castiglione oder dem lebhafteren Passignano sul Trasimeno kann man einen Bootsausflug zur Isola Maggiore unternehmen. Mal gerade eine Handvoll Menschen lebt dort zwischen Olivenbäumen und Ginstersträuchern. Im Inselrestaurant Sauro wird die Spezialität des Tegamaccio serviert, das ist eine Fischpfanne aus Aal, Schleie, Hecht und Barsch. Am sumpfigen Seeufer erlebten die Römer 217 v. Chr. eine ihrer größten Niederlagen. Der karthagische Feldherr Hannibal lockte das von Flaminius angeführte Heer bei Ossaia und Sanguineto in einen Hinterhalt. Rund 16 000 Römer fanden den Tod, während Hannibal nur 1500 Männer verlor. Das Schlachtfeld mit seinen Massengräbern liegt bei Tuoro del Trasimeno.

Informationen: Piazza Mazzini 10, Castiglione del Lago, Tel. (075) 9 65 24 84
Website: www.umbria2000.it

Oben: Die Landschaft am Lago di Trasimeno zeigt sich romantisch.

Oben: Die typischen Häuser der *trulli* in Alberobello. Mitte: Die apulische Küste bei Polignano lockt mit herrlich klarem Wasser. Unten: So stellt man sich eine Klause vor: Certosa di San Giacomo auf Capri. Rechte Seite: Eine Inselidylle mit Villa vor Taormina in Sizilien.

Süditalien

Süditalien

33 Rom – Weltstadt zwischen Kunst und Cappuccino

Unnachahmliches Flair auf geschichtsträchtigem Boden

Wo gibt es einen Laufsteg mit mehr Ambiente als die Spanische Treppe in Rom, inmitten berühmter Modenamen wie Valentino, Renato Balestra, Laura Biagiotti, der Fendi-Schwestern und des Gucci-Clans? Zur Präsentation der Alta Moda haben sich die Modeschöpfer längst die unwiderstehliche Aura der 139 ausgetretenen Travertinstufen aus dem 18. Jahrhundert zunutze gemacht. Doch dieses Sehen und Gesehenwerden gilt für jeden auf der »Scalinata«, ein tägliches Schauspiel römischen Lebensgefühls.

Oben: Blick in die Kuppel des Petersdoms, des mächtigsten Bauwerks der Christenheit. Unten: Fresko im päpstlichen Gerichtshof. Rechte Seite oben: Das Kolosseum ist das Markenzeichen des altrömischen Rom. Rechte Seite unten: Niemand kann dem Charme der Fontana di Trevi widerstehen. Auch am späten Abend ist sie von Besucher umlagert.

Wie der Besucher einer Arena blickt man über die flanierende Kauflust in der Via Condotti, der elegantesten Einkaufsstraße Roms, und auf das emsige Geschehen auf der Piazza di Spagna. Einträchtig sitzen Römer und Touristen nebeneinander, als plötzlich Bewegung in Mensch und Einkaufstüten kommt. Ein zierlicher Besen, geführt von energischer Hand, verlangt gebieterisch ein Wegrücken. Grazil werden Papierfetzen und Zigarettenstummel zusammengefegt, leere Flaschen mit einem Anflug von Verachtung eingesammelt. Auch hier setzt Rom eine besondere Note, es ist kein unförmiges Schmuddelkind oder ein unrasierter Lümmel, der hier mit Besen und Schaufel herumwandert. Ihre Maquillage ist perfekt, und durch die Plastikhandschuhe schimmern die roten Fingernägel. *Far bella figura*, die Naht der Nylons sitzt makellos, gut hundert Augenpaare heften sich an ihre Beine. Sie zeigt Souveränität im Umgang mit dem touristischen Alltag Roms, gut sechs Millionen Besucher kommen jedes Jahr in die Stadt am Tiber.

Das Zentrum der Christenheit

Zu Ostern haben die Pilger die ältesten Rechte auf die Ewige Stadt, den Mittelpunkt der Christenheit. Der Segen des *urbi et orbi* am Ostersonntag gehört zu den Höhepunkten ihres religiösen Lebens. Dann ist der riesige Petersplatz übersät mit jubelnden Menschen, die auf den Papst warten. Nimmt man es ernst mit dem Büßen und dem Seelenheil, so warten noch sieben Wallfahrten zu den Kirchen von San Giovanni in Laterano, San Pietro, Santa Maria Maggiore, San Paolo fuori le Mura, Santa

Nach den vielen Attraktionen Roms sollte man durch die Gassen der Altstadt bummeln. Es gibt viel zu entdecken: Antiquariate, Maroni-Verkäufer und kleine Kaffeehäuser. Rechte Seite oben: Ganz anders ist die Via Condotti, die feinste Einkaufsstraße der Stadt. Rechts außen: Die Schweizer Garde bewacht die Eingänge des Vatikans.

Süditalien

Croce in Gerusalemme, San Lorenzo und San Sebastiano. Doch vielleicht büßt man auch gleich beim Anstehen zu den Vatikanischen Museen, die jährlich rund zwei Millionen Besucher durch ihre Hallen schleusen. »Come le formiche«, erbost sich der Taxifahrer beim Anblick der Menschenmengen, die wie die Ameisen aus den Bussen wuseln. Die Sixtinische Kapelle muss man gesehen haben, doch auf dem Weg geht es durch das Appartamento Borgia, die Stanze di Raffaello und die Galleria delle Carte Geografiche, dahinter erst wartet die Kapelle des Papstes. Die Fresken Michelangelos mit ihren leuchtenden Farben nehmen einem den Atem. »Bei der Restaurierung haben sie den Lendenschurz der 17 Männer entfernt«, flüstert eine Fremdenführerin. Für das prüde 18. Jahrhundert waren die offenherzigen Darstellungen Michelangelos zu provokant, und kurzerhand bekamen die Männer farbige Tücher um ihre Leisten. Ebenfalls mit wertvoller Kunst vollgepackt ist der Petersdom, die Hauptkirche der Christenheit, und jedes Jahr kommen Hunderttausende von Pilgern, um einmal den Papst zu sehen. Ehrfürchtig wandert man durch die gewaltigen Dimensionen der Kirche, bewundert die Kuppel von Michelangelo, den Baldachin von Bernini und die berühmte Pietà von Michelangelo.

Nach so viel Kunst sollte man auf der Passeggiata del Gianicolo etwas Luft schöpfen, hier bieten sich traumhafte Blicke über die Stadt bis zu den umliegenden Bergen. An den Gianicolo schließt sich die größte »grüne Lunge« Roms an, der Park der Villa Doria Pamphili, bevorzugter Wohnort der römischen Society, darunter auch der Mezzosopranistin Cecilia Bartoli.

Auf den Spuren der Antike im Forum Romanum

Nirgendwo wird die jahrtausendealte Geschichte Roms deutlicher als im Forum Romanum mit dem grünen Hügel des Palatin und dem Kolosseum. Am Sonntag ist die breite Straße der Via Fori Imperiali für den Verkehr gesperrt und so lässt sich ganz ungestört an den einstigen Machtzentren des Römischen Reiches vorbeiflanieren. Mit dem Reiseführer in der Hand durchschreiten die ernsthaften Touristen die Reste vergangener Pracht, die steinernen Zeugen von Tempeln, Palästen und Triumphbögen. Aufregung herrscht am Kolosseum, als sich eine Gruppe Afrikaner als Chor aufstellt und ein Lied anstimmt. Da ist mit den Carabinieri gar nicht zu spaßen, vor dem Symbol von »Brot und Spiele« wird nicht gesungen! Sehr viel romantischer geht es auf der Piazza del Campidoglio zu, dem Mittelpunkt von Rom und bevorzugtem Ort zum Heiraten. Mit der Treppe Michelangelos, den mächtigen Figuren von Castor und Pollux und im Hintergrund dem Palazzo dei Senatori bietet der kleinste der sieben klassischen Hügel Roms ein beneidenswertes Ambiente für ein Hochzeitsbild. Im Zentrum des Kapitolsplatzes thront die Statue des Marc Aurel, eine frisch enthüllte Kopie, seit 1981 steht das Original im Palazzo Nuovo gleich nebenan. Auf Rädern hat man ihn dort ausgestellt, doch der Ausstrahlung dieses großen Kunstwerks der antiken Plastik tut es keinerlei Abbruch. Und gegenüber wartet noch im Palazzo dei

Conservatori das Sinnbild Roms, die etruskische Wölfin mit den Zwillingen Remus und Romulus aus dem 6. Jahrhundert, auch für sie steht schon eine Kopie parat.

Sehenswürdigkeiten und Kulinarisches im Zentrum

Wieder an Luft und Sonne geht es die Via del Teatro di Marcello hinunter zum Tiber, da liegt am Lungotevere die einzige Synagoge Roms, früher im Mittelpunkt des jüdischen Ghettos rund um die Piazza Mattei. Ein Geheimtipp ist dort das Restaurant »Giggetto« mit seiner jüdisch-römischen Küche. Überhaupt mag man es hier deftig, so zählen Kutteln, Schweinefüße und Ochsenschwanz zu den Spezialitäten in der Hauptstadt. Oder lieber ein Trüffeleis bei »Tre Scalini« auf der wunderschönen, ovalen Piazza Navona oder Spaghetti Vongole auf der Piazza della Rotonda? Die Nudeln haben gewonnen, doch als pflichtbewusster Tourist geht man vorher noch ins Pantheon und bestaunt die gewaltigen Ausmaße dieses antiken Gebäudes, fast 2000 Jahre ist es alt. Am Abend warten die Fontana di Trevi im romantischen Licht oder der Sonnenuntergang auf der Passeggiata del Pincio, dem Stelldichein der Verliebten. Und da wäre noch das »Caffè Greco« an der Via Condotti, seit Goethe ein Treffpunkt deutscher Künstler. Oder eines der vielen Museen in der Villa Borghese, wenn nicht gerade »chiuso per restauro«.

Idyllen abseits des Rummels

Rom kann zum Stress werden angesichts der unzähligen Sehenswürdigkeiten, doch man sollte es wie die Römer machen: sich durch die unzähligen Gassen des *centro storico* treiben lassen und die Atmosphäre einer Geschichte von 2000 Jahren atmen. Den unverfälschten Alltag des Testaccio mit seinen kleinen Läden kennenlernen oder hinüber auf die andere Seite des Tiber laufen, nach Trastevere, wo die Römer ihre Abende verbringen. Trotz des Touristenrummels haben sich viele intime Ecken bewahrt, man spürt die Nähe der Menschen zueinander, die hier wohnen. Die Schritte hallen auf dem buckligen Kopfsteinpflaster, eine graue Katze streicht um die Ecken. Modrige Gerüche aus uralten Kellern wehen in die Nase, und das schaumige Wasser aus einem Putzeimer läuft den Rinnstein entlang. Dörfliche Idylle inmitten der Drei-Millionen-Stadt, auch das gehört zu Rom.

ESSEN IM »LA PERGOLA«

Zum Träumen schön ist das ohnehin traumhafte Rom, wenn man an einem Sommerabend auf der Dachterrasse des Hotels »Cavalieri Hilton« sitzt und von den Kochkünsten des Heinz Beck verwöhnt wird. Seit vielen Jahren arbeitet der gebürtige Schwabe in der Ewigen Stadt und hat das »Restaurant Pergola« zu einem Treffpunkt der Feinschmecker gemacht.
Via Cadlolo 101, Tel. (06) 3 50 921 52
www.cavalieri-hilton.it

SCHLAFEN IN DER »RESIDENZA NAPOLEONE III.«

An der Via Condotti liegt der Palazzo Ruspoli und dort wohnte schon Kaiser Napoleon III., der 1830 mit seiner Mutter in der Stadt weilte. Heute wird in den beiden Suiten das prachtvollste *bed and breakfast* von Rom geboten. (Zu buchen unter C+M Travel Design, Tel. (069) 9 20 06 00, www.c-und-m.de.)

WEITERE INFORMATIONEN ZU ROM

APT Roma: Via Parigi 5, Rom,
Tel. (06) 48 89 92 55
Website: www.romaturismo.it

Der Besuch der Vatikanischen Museen ist ein Erlebnis. Nach unzähligen Kunstwerken von Weltniveau ist der Heimweg über die groß angelegte Wendeltreppe eine wahre Entspannung.

Eine solche Atmosphäre dürfte auch ein Grund sein, dass Millionen von Besuchern jedes Jahr nach Rom kommen. Der Petersdom und die Brücke Sant'Angelo über den Tiber.

Süditalien

34 Neapel – man liebt oder hasst die Stadt

Chaos in engen Gassen

Scheppernd fällt die schwere Holztür ins Schloss, und plötzlich herrscht völlige Ruhe. Nichts dringt von draußen durch die Klostermauern von Santa Chiara. Draußen bleiben der laute Alltag von Spaccanapoli mit dem enervierenden Geknatter der Mopeds, den stinkenden Dieselwolken der Busse und dem Lärm des übermächtigen Verkehrs. Diese Stadt verlangt Standvermögen.

Oben: Der Kreuzgang des Klosters Santa Chiara ist eine Zuflucht aus der lärmgeplagten Altstadt. Unten: Auch eine kurze Andacht in einer der zahllosen Kirchen regeneriert Körper und Seele. Rechte Seite: In der prachtvollen Galleria Umberto I. treffen sich die eleganten Neapolitaner zum Aperitif und Einkaufen.

Doch in den buckeligen Gassen und zwischen den oftmals bröckelnden Fassaden herrscht eine Geschäftigkeit, die ansteckend wirkt, und bei allem Lauten wird man von der Herzlichkeit der Menschen bezaubert. Erleichtert setzt man sich auf eine Bank, betrachtet die handbemalten gelb-blauen Majoliken an den Wänden und Mauern oder flaniert durch den Kreuzgang mit seinen biblischen Geschichten. Das Klarissenkloster wurde Anfang des 14. Jahrhunderts von Robert von Anjou erbaut, in der Kirche liegen die Könige von Neapel und Sizilien begraben. Heute ist es ein beliebter Ort zum Heiraten, denn niemand kann dem Charme dieser bunten Keramik widerstehen.

In den Altstadtgassen

Anschließend locken wieder die engen Gassen der Altstadt von Neapel mit ihrem quirligen Leben und Menschen, die die Probleme wie Lärm, Müll und Camorra mit scheinbarer Gelassenheit ertragen. Über eine der Hauptachsen, die Via dei Librai, gelangt man zur Kirche San Gregorio Armeno, und dort beginnt die Via San Gregorio Armeno mit Hunderten von Ständen, die alles fürs Seelenheil verkaufen. Hausaltäre, Heiligenbilder und Krippenfiguren von dem winzigen Jesuskindchen bis hin zu großen Sternen. Völlig ungeachtet der Jahreszeit drängeln die Menschen zu metergroßen Madonnen mit angeschraubten Plastiktränen. In Körben liegen die Köpfe von Heiligen, man kann sich einen Körper dazu aussuchen. Auch Akteure der Commedia dell' Arte, wie Pulcinella im Seidenkleid, werden angeboten, und sehr beliebt ist *il corno*, das Amulett gegen den bösen Blick.

Wunder im Dom und Christus in der Cappella Sansevero

Die nächste große Straße ist die Via Tribunali und von dort kann man schon

Oben: In den Altstadtgassen gibt es zahllose Antiquitätenläden. Mitte: Die Via Gregorio Armeno ist berühmt für ihre Werkstätten, wo Heiligenfiguren hergestellt werden. Unten: Ein Treffpunkt von morgens bis in die späte Nacht ist das Café Gambrinus. Rechte Seite: Die Via di Chiaia bietet ein buntes Gemisch aus originellen Läden, Hotels und Restaurants.

Süditalien

den Dom San Gennaro sehen. Diese Kathedrale spielt eine wichtige Rolle im religiösen Leben Neapels, denn zweimal im Jahr, am 1. Sonntag im Mai und am 19. September, soll sich das Blut des heiligen San Gennaro verflüssigen. Bei seiner Enthauptung im 4. Jahrhundert war das Blut aufgefangen worden und nun wird in einer gewaltigen Prozession die Reliquie zur Kirche Santa Chiara getragen, wo dann das Wunder geschieht. Bleibt das Blut fest, dann kommt eine Katastrophe über die Stadt – ein Erdbeben oder ein kommunistischer Bürgermeister.

Umweit des Domes liegt die Cappella Sansevero mit ihrer berühmten Skulptur des verschleierten Christus, die von dem Neapolitaner Giuseppe Sanmartino geschaffen wurde. Es ist ein Meisterwerk der Bildhauerei, denn so hauchfein, als wäre es Chiffon, liegen die marmornen Schleier über dem »Cristo velato«.

Zeit für Pizza!

Nach so viel Kunst ist es Zeit für ein lukullisches »Wahrzeichen«, die Pizza ruft. Die wirklichen Kenner essen die Margherita, nur mit Tomaten und Basilikum. Die besten gibt es beim eleganten »Ciro a Santa Brigida« oder bei »Di Matteo« auf der Via Tribunali, eine unauffällige Pizzeria, wo mittags die Menschen Schlange stehen. Unten gibt es die Pizza auf dem Pappteller und im ersten Stock sitzt man an simplen Holztischen. Für den Espresso geht es zur Piazza Bellini, einem der zauberhaften kleinen Plätze Neapels. Beherrscht von der Statue des Komponisten Bellini und eingerahmt von Cafés wie »Evaluna« oder dem Literaturcafé »Inter Moenia«. Dort liebt man

die 1950er-Jahre mit ihrem Kunsthandwerk und Mobiliar, an den Wänden hängen Fotos aus jener Zeit.

Schätze im Archäologischen Museum

In ein paar Minuten erreicht man das Museo Archeologico Nazionale, eine der umfangreichsten archäologischen Sammlungen der Welt. Viele Objekte aus Pompeji werden hier ausgestellt, wie das bekannte Mosaik der Alexanderschlacht, das Alexander den Großen beim Sieg über den Perserkönig Darius 333 v. Chr. zeigt. Aus den Caracalla-Thermen bei Rom stammt die Herakles-Statue, die der Athener Bildhauer Glykon (als vergrößerte Kopie einer Herakles-Figur von Lysippos) schuf. Sie wurde 1545 dort gefunden, gelangte später in die Farnesischen Sammlungen und trägt seitdem den Namen des »Farnesischen Herkules«. Nicht weniger berühmt ist der Farnesische Stier, die größte Skulpturengruppe der Antike. Dargestellt wird die Bestrafung der Dirke, die an die Hörner eines Stieres gebunden wurde, um sie zu Tode zu schleifen. Charmant dagegen und ein wahres Schmankerl ist das Geheimkabinett mit erotischen Darstellungen aus Pompeji und Herkulaneum. Zur Zeit der regierenden Bourbonen waren sie ein Skandal, und es war nur den Männern erlaubt, diese Räume zu besuchen. Auch heute muss die Besichtigung angemeldet werden, selbst die Website im Jahre 2007 schweigt darüber.

Neapels Schattenseiten

Die breite Via Toledo durchquert die Stadt von Süden nach Norden, und an

ihrer Flanke liegen die einst verruchten Quartieri Spagnoli. Im 17. Jahrhundert waren dort die spanischen Truppen untergebracht, und bis heute ist es ein Armutsviertel geblieben. In den *bassi*, den unteren Stockwerken, wohnen die Ärmsten und jene mit etwas mehr Geld leben in den oberen Etagen. Je weiter sich die Häuser von der Via Toledo entfernen, desto steiler werden die schmuddeligen Gassen, desto offensichtlicher die Armut. Oftmals ist der Wohnraum so knapp, dass sich das Leben auf der Straße ausbreitet, vor dem Haus wird gegessen und geschlafen. Doch langsam regt sich neues Leben, und an den sauberen Ecken siedeln sich nun Hotels wie »Il Convento« an.

Schickes Kontrastprogramm

Nur einen Katzensprung entfernt, kommt man in die völlig andere Welt der Galleria Umberto I. Schon von Ferne strahlt sie viel Eleganz aus: die unglaubliche Glaskuppel, hohe Arkaden, ein blanker Marmorfußboden, schicke Läden und distinguierte Restaurants und Bars. Hier trifft sich die Geschäftswelt Neapels. Gegenüber steht das Teatro San Carlo, eines der größten Opernhäuser Italiens. Es wurde 1737 von Karl III. erbaut und sollte die übrigen Monarchien vor Neid erblassen lassen. Noch ein Aushängeschild ist der Palazzo Reale, der Königspalast mit seinen Wandteppichen, Gemälden und dem erlesenen Porzellan. Die riesige Piazza del Plebiscito bietet den idealen Rahmen für das gewaltige Gebäude.

Mal wieder einen Espresso in der ältesten Bar Neapels, dem »Gambrinus Gran Caffè« auf der Piazza Trieste e Trento, am Eingang zur charmanten Via di Chiaia. Das Dekor ist ganz im Stil des Fin-de-Siècle gehalten, mit Bildern von neapolitanischen Künstlern an den Wänden. Hier wartet eine weitere Spezialität der Stadt, die *sfogliatella*. Eine Verführung aus Blätterteig, oftmals gefüllt mit Ricotta. Draußen vor der Tür flirtet eine schicke Neapolitanerin mit einem Verehrer. Lässig sitzt sie auf ihrem *motorino*, dazu ein einladendes Dekolleté, die braunen Beine stecken in kurzen Shorts. Nach ein paar Minuten ist sie verschwunden. Es war nur *fare bella figura*.

BAROCKE GIGANTOMANIE: DAS SCHLOSS IN CASERTA

40 Kilometer von Neapel übertrifft das barocke Schloss von Caserta, auch »Versailles des Südens« genannt, das französische Vorbild an Größe und Aufwand. Es wurde 1752 unter Karl VI., König von Neapel und Sizilien, begonnen. Das 250 Meter lange und 45 000 Quadratmeter große Bauwerk war nach 22 Jahren bezugsfertig, konnte aber nie vollendet werden. Sehenswert ist die Kunstsammlung »Terrae Motus«, die das Erdbeben von 1980 zum Thema hat. Spektakulär sind die 120 Hektar großen Parkanlagen mit ihren Brunnen, Kanälen und den Wasserbecken in fünf aufeinander folgenden Stufen und einer 78 Meter hohen Kaskade. Dazu gehört auch ein Englischer Garten mit künstlichen Ruinen, Grotten und einem See.

Viale Douhet: Tel. (0823) 27 73 80. Geöffnet Montag 9–18 Uhr.

WEITERE INFORMATIONEN ZU NEAPEL

Piazza del Gesù Nuovo:
Tel. (081) 55 12 71
Stazione Centrale: Tel. (081) 26 87 79
Website: www.inaples.it

Süditalien

35 Pompeji und Ercolano – Zeugen römischer Sinnenfreude

Die vernichtende Gewalt des Vesuvs

Der Herr ließ Schwefel und Feuer vom Himmel herabregnen und vernichtete alles Leben, alle Einwohner der Städte und alles, was auf den Feldern wuchs. So steht es im Alten Testament und so geschah es am 24. August 79. Der Vesuv spuckte eine riesige Wolke aus heißer Asche und Stein aus, deren Ausläufer über den Südosten trieben, dort wo Pompeji lag. In Todesangst flohen die Menschen, suchten Schutz in Häusern oder rannten zum nahen Strand.

Das teilweise wieder aufgebaute Pompeji und Ercolano erwecken den Eindruck, als wären die Bewohner mal kurz aus dem Haus gegangen. Auch 2000 Jahre später erahnt man den Reichtum ihrer Häuser mit den aufwendigen Freskenmalereien an den großzügig angelegten Straßenzügen.

Einen Tag später war ihr Schicksal besiegelt. Am 25. August deckte ein 20 Meter hoher Lavastrom alles Leben zu. Noch heute liegen ein gutes Drittel von Pompeji und mehr als die Hälfte von Ercolano unter der Erde, jede Ausgrabung würde neue Informationen bringen, doch es fehlt an Geld. Läuft man heute durch Pompejis Via dell'Abbondanza, die Straße des Überflusses, oder schlendert durch Ercolano, so wirken die Ruinen und Fundamente überraschend lebensnah, als würden sie nur nach mehr Steinen und einem Dach fragen, um wieder neues Leben zu zeigen. Allein die Ausgrabungen der beiden kleinen Städte in der Nähe Neapels haben uns gezeigt, wie das Leben der besseren Leute in der Hochkultur des Römischen Reiches aussah. Heute sind alle wertvollen Relikte im neapolitanischen Museo Archeologico Nazionale zu sehen.

Leben voller Luxus und Freizügigkeit

Niemand ahnte damals die Gefahr des Vulkans, zwar wurden im Jahre 62 etliche Orte am Vesuv durch einen Ausbruch beschädigt, doch das heitere, 20 000 Einwohner große Pompeji hatte keine Zeit für Trübsinn und Zukunftsangst. Die größte Villa der Stadt mit fast 3000 Quadratmetern wurde gerade umgebaut; man fand später die Besitzerin unter einem eingestürzten Dach, sie hatte ihre goldenen Armreifen, eine Börse mit Goldmünzen und einen silbernen Spiegel noch schnell zusammengerafft, dann ereilte sie der Tod. Die Villa wird heute das »Haus des Fauns« genannt, wegen der Bronzestatue vor dem Eingang – eine Kopie, denn das Original ist im Museum. Fast jedes Haus war damals an den städtischen Aquädukt angeschlossen, der Wasser aus dem

Fluss Serino herleitete. Pro Kopf verbrauchten die Pompejianer mehr Wasser als die heutigen Amerikaner. Die luxuriösen Thermen mit Bodenheizung, Marmorwänden und silbernen Wasserhähnen waren Orte der Sinnlichkeit. Während man in der Sauna schwitzte, wurde mit Geschäftsfreunden diskutiert. Am Abend ging man ins Theater und schaute sich Tragödien an oder in die Arena, um das Gemetzel zwischen Gladiatoren und wilden Tieren zu beklatschen. Mit Sexualität ging man frei und öffentlich um, so weist ein gemeißelter Penis den Weg zum Bordell, über dessen Türen die jeweiligen Praktiken angepriesen wurden. Als die Ausgrabungen Anfang des 18. Jahrhunderts begannen, war diese Art Freizügigkeit kaum mit der Moral der damaligen Zeit zu vereinbaren, und die »brisanten Objekte« verschwanden. Nur edle Möbel, Münzen, Tafelsilber, Mosaiken und Schmuckstücke wurden der Öffentlichkeit gezeigt.

Der Tod kam in der Nacht

Die Menschen starben einen grauenvollen Tod. Um ein Uhr nachts war das Rennen gegen die Zeit verloren, denn der Druck im Inneren des Vesuvs verringerte sich, die Wolke aus Asche und Stein brach zusammen und raste den Berghang hinunter. Der heiße, giftige Schlamm drang in jedes Haus und fällte die Menschen wie Bäume: ihr Blut verdampfte, die Organe kochten und die Gehirnmasse schmolz dahin. Diese Masse legte sich so luftdicht um jeden Körper, dass keine organische Zersetzung stattfand. Es hat wahrscheinlich Jahre gedauert, bis dieser Lavastrom abgekühlt war. Doch die Tragödie nahm kein Ende, denn eine weitere, höchst giftige Gaswolke wurde durch den Wind nach Pompeji getrieben, und der Regen aus Asche und Stein bildete eine zweite Haut um die Toten. Die Leichen verwesten, aber ihre Form blieb als Hohlkörper erhalten. Im 19. Jahrhundert entdeckte der Archäologe Giuseppe Fiorelli diese Abdrücke und ließ sie mit Gips ausgießen. So haben 2000 Menschen wieder Gestalt angenommen, jenen Ausdruck, als sie der Tod überraschte. Angstverzerrte Körper, Menschen, die sich gegenseitig helfen wollten, und Sklaven, durch ihre Fußfesseln am Fliehen gehindert. Der Vesuv ist seit 1994 nicht mehr ausgebrochen, doch die Bewohner dieser Region beobachten ihn mit Argwohn. Leider wachsen nirgendwo schönere Tomaten, besserer Salat und spannenderer Wein als hier.

DIE VILLA DEI PAPIRI

Eine komplette antike Bibliothek mit 1800 Rollen aus Papyrus wurde aus dieser Villa am Stadtrand von Ercolano geborgen. Sie waren mit Texten des griechischen Philosophen Philodemos von Gadara beschrieben, die 1970 entziffert werden konnten. Diese einzigartige Sommerresidenz könnte von Julius Cäsars Schwiegervater Nummer drei, Konsul Lucius Calpurnius Piso Caesoninus, gebaut worden sein. Er war ein äußerst belesener Römer, der mit Vergil, Horaz und Cicero verkehrte. Zahlreiche Schriftstücke in lateinischer Sprache vermutet man noch in der Erde, und am liebsten würden die Archäologen die gesamte Villa freilegen, doch es fehlt an Geld für die Restaurierung. Die Ausgrabungen in den 1990er-Jahren zeigen fatale Schäden, denn die Mauern sind schutzlos dem Regen und der Luftverschmutzung ausgesetzt. Überall bröckelt der Putz. Doch die eigentliche Zerstörung hat schon 1748 mit den ersten Ausgrabungen begonnen.

WEITERE INFORMATIONEN

Piazza Esedra, Tel. (081) 8 61 07 44.
Website: www.pompeiisites.org

Die Nekropole von Pompeji ist ein eindrucksvolles Zeugnis der einstigen Macht und Größe dieser Stadt. Diese Gräber waren unter sechs Meter Vulkanasche begraben.

Süditalien

36 Costiera Amalfitana – wie von Gott geschaffen

Pastellfarbene Dörfer und herrliche Ausblicke

Jeder Zentimeter dieser Küste zwischen Salerno und Sorrent ist zum Niederknien schön – und es sind 60 Kilometer. Hinter jeder Kurve gibt es ein Aha-Erlebnis, bleibt der Mund offen stehen, können die Augen nicht glauben, was sie sehen. Tausendundeine Variationen von Felsenküste und Mittelmeer. Viele Besucher kommen von Neapel, fahren die Autobahn bis Vietri sul Mare, und dann kann das Schauspiel der Natur beginnen.

Oben und rechte Seite: Ihre Schroffheit machte sie berühmt. An der Küste von Amalfi kleben die Häuser an den Felsen wie in Atrani. Für die winzigen Gärten und schmalen Fußwege wird dem Gestein jeder Zentimeter abgerungen. Unten: Entspanntes Plaudern im Zentrum von Amalfi.

Es war ein Maultierpfad, den man erst um 1850 zu einer schmalen, kurvigen Straße ausbaute, der jedoch rasch zum Pilgerweg italienverliebter Intellektueller geriet. Die Reise entlang der Costiera Amalfitana verlangt Zeit, denn die Straße hat keine Kurve weniger als vor 150 Jahren, nur der Verkehr hat sich vervielfacht. Da fordern Reisebusse und Lastwagen mehr Platz, staut sich der Verkehr, wenn der örtliche Bus an der Haltestelle stoppt. Doch immer wird man durch neue Augen-Blicke entschädigt. Wie kleine Vogelnester hängen die Orte an der Steilküste, und so manche Haarnadelkurve scheint geradewegs ins blaue Meer zu führen.

Pastellfarbene Dörfer: Atrani und Amalfi

Eine solche Kurve könnte das Wahrzeichen von Atrani sein, dessen 10 000 Einwohner in den weißen, pastellfarben rosa oder hellgelben Häusern wohnen, die am Gestein zu kleben scheinen. Manche schieben sich vorwitzig auf die Felsnase und wollen sich langsam mit jenen von Amalfi verbinden. Früher war Atrani nur mit dem Boot zu erreichen, und nun quetscht sich die Straße wie ein unliebsamer Mitbewohner zwischen Felsen und Gebäude. Doch bei aller Enge – es gibt eine zauberhafte Piazza und nicht weniger als sechs Kirchen. Kaum vorstellbar, wo sie alle stehen sollen.

Das ist im einen Kilometer entfernten Amalfi schon viel einfacher, denn der Dom ist ein wahrer Blickfang und ein prachtvolles Aushängeschild einstiger Macht. Im 10. Jahrhundert war die Seerepublik eine Drehscheibe des Handels zwischen Orient und Okzident und zählte fast 55 000 Einwohner. Doch in der Mitte des 12. Jahrhunderts war es mit

Süditalien

Oben: Der Dom von Amalfi mit seiner langen Freitreppe und dem zweifarbigen Mauerwerk ist ein Treffpunkt aller Kunstliebhaber. Mitte: Der Besuch des Dörfchens Ravello in den Bergen ist ein absolutes Must. Unten: Blick auf Atrani und die kurvenreiche Küstenstraße. Rechte Seite unten: Atrani hat eine sehr beliebte Bucht zum Baden und Sonnen.

dem Glanz vorbei, denn Amalfi wurde vom großen Konkurrenten Pisa erobert. Der Bau des Doms begann im Jahr 937, die Fassade mit ihrem schönen schwarzweißen Stein zeigt starke normannisch-maurische Einflüsse. Imposant ist die lange Freitreppe, die von der Piazza Flavio Goia ins Innere der Kirche führt. Im Museum der Gemeinde wird das älteste Seerecht der Welt aufbewahrt, in einem wertvollen Schrein liegen die Tavole Amalfitane, die die Grundsätze der Navigation festlegten. Ohne die »Pasticceria Andrea Pansa« zu besuchen, kann man diesen zauberhaften Ort nicht verlassen. Seit 1830 werden Köstlichkeiten mit Zitronen angeboten: *Sfogliatelle al limone* oder *Delizie al limone*, die wie Frauenbrüste aussehen. Ein Himmelreich für Schleckermäuler.

Wandern auf Maultierpfaden

Die schönste Art, sich dem charmanten Ravello zu nähern, dürfte das Wandern sein. Viel entspannter, als sich mit dem Auto die unzähligen Kehren hinaufzuwinden und ständig wegen eines Busses anhalten oder zurückfahren zu müssen, ist die Entdeckung dieser Landschaft auf Maultierpfaden. Man beginnt in Amalfi mit dem Valle dei Mulini, dort stehen die ältesten Papiermühlen Europas. Einen guten Einblick in diese Ära gibt das Museo della Carta. Es geht hinauf in die Bergregion der Monti Lattari, vorbei an Nuss- und Feigenbäumen, dazu verströmen in der heißen Sonne Rosmarin und Lavendel ihre ätherischen Düfte. Die steileren Wege sind mit breiten Stufen versehen, damit die Maultiere auch bei schlechtem Wetter Halt finden können. Nur wenige Kilometer von der hektischen Küstenstraße entfernt, herrscht hier eine unfassbare Stille und Leere, außer summenden Bienen ist nichts zu hören und zu sehen. An einem kleinen Haus stehen zwei Maulesel, hoch bepackt mit Zweigen; nur mit Tieren ist diese Gegend zu erreichen.

Dann geht es steil bergauf, denn die faszinierende Lage von Ravello will erobert sein. Ein Panorama zum Sterben schön. Es gehörte einst zur Seerepublik Amalfi und ein mächtiger Dom bestimmt den Hauptplatz. Wer dort willkommen ist, bestimmt Masaniello. Etwa so hoch wie eine Fußbank, mit den Ohren eines Schäferhundes und einem Ringelschwanz, beobachtet er das Treiben auf der Piazza – und kein anderer Vierbeiner wagt sich zu nähern.

Künstlerort Ravello

Ravello ist ein Spielplatz der Hautevolee. In der Mitte des 19. Jahrhunderts hatten die Engländer dieses einst lausige Bergdorf gesellschaftsfähig gemacht, dazu gehörte Edward Forster, der mit seinen verfilmten Romanen »Die Reise nach Indien« und »Zimmer mit Aussicht« zum Erfolgsautor wurde. Auch der berüchtigte D.H. Lawrence quartierte sich in Ravello ein und soll hier Teile von »Lady Chatterley« geschrieben haben, ein Buch, das lange Zeit auf dem Index stand.

Besonders entzückt war Richard Wagner, der auf einem Esel herauffritt und beim Anblick der Villa Ruffolo meinte: »Klingsors Zaubergarten ist gefunden!« Dieser Ausspruch ziert heute das Hauptgebäude. Die Reste der mittelalterlichen Villa sind zu besichtigen, im Sommer finden hier klassische Konzerte statt. Auch das

Costiera Amalfitana – wie von Gott geschaffen

20. Jahrhundert liebte Ravello, so wohnte Greta Garbo in der Villa Cimbrone, wo der Blick von der Terrasse, vorbei an den römischen Herrscherbüsten, legendär und weltberühmt ist.

Rummel in Positano

Positano ist wohl der mondänste Ort und reiht sich in die Liga von Portofino, Capri und Costa Smeralda ein. Yachtbesitzer, auch mal ein deutscher Bundeskanzler, Modedesigner und Starlets treffen sich in den Foyers von »La Sireneuse«, »San Pietro« und »Palazzo Murat«. Für den Normaltouristen warten endlose Stände mit Souvenirkitsch. Es ist ein Sammelplatz für amerikanische Touristen, vielleicht eine Spätfolge jenes Jahres 1943, als angloamerikanische Truppen im Golf von Salerno landeten. Zur Erholung wurden die Yankees nach Positano gebracht und waren begeistert von den weißen Endlostreppen, von den kleinen rustikalen Ristoranti, wo die Tomaten zum Trocknen an der Decke aufgehängt waren, von der Sonne und dem azurblauen Meer. Im Jahr 1953 erschien ein Artikel von dem späteren Nobelpreisträger John Steinbeck in »Harper's Bazar« über Positano und lockte Hollywood an diese Küste. Wenige Jahre danach wurde hier der erste Bikini vorgestellt, der kleine Ort hatte es endgültig in die Terminkalender der Paparazzi geschafft. Über die ganze Welt wanderten die Bilder der Promis im Positano-Look, mit den bunten Pareotüchern, den aus Bast geflochtenen Sandalen und immer knapper werdenden Bikinis. Dabei war der ärmste Ort an der Küste mal eine Zuflucht für Maler, die sich an der unverfälschten Schönheit des Ortes ergötzten. Um diese Zeit hatten bereits viele Einwohner ihre Heimat verlassen und in Brooklyn ein neues Leben angefangen. Heute noch heißt die Strandpromenade Via dei Positanesi d'America.

DER NATIONALPARK CILENTO

Noch ist der zweitgrößte Nationalpark Italiens ein Geheimtipp. Das sind 100 Kilometer Küste südlich von Salerno mit einem Hinterland aus mittelalterlichen Dörfern, geprägt von fast 2000 Meter hohen Bergen. Eine ruhige Landschaft, die wenig bevölkert ist und eine Küste mit vielen Buchten und Grotten, nicht so spektakulär wie die Costiera Amalfitana, aber es lässt sich hier viel entspannter reisen. Ein wichtiges Ziel ist Paestum, es war die wichtigste griechische Siedlung südlich von Neapel. Sie wurde im 6. Jahrhundert gegründet, von den Römern erobert und dann um 900 wegen der Malaria verlassen und im 18. Jahrhundert wiederentdeckt. Drei dorische Tempel sind gut erhalten, der Hera-Tempel (oder Basilika), der Tempel des Poseidon und der Ceres-Tempel.
Informationen: Via Magna 887, Paestum, Tel. (0828) 81 10 16
Website: www.cilento.it

WEITERE INFORMATIONEN ZUR COSTIERA AMALFITANA

Via Roma190/21, Amalfi,
Tel. (089) 87 11 07
Websites: www.amalfitouristoffice.it,
www.ravellotime.it,
www.aziendaturismopositano.it

Positano ist der mondäne Badeort an der Küste von Amalfi. Mit seinen teuren Hotels und exklusiven Boutiquen ist er ein Pendant zu Portofino in Ligurien.

Süditalien

37 Capri – ewige Sehnsucht nach dem Mythos Italien

Rote Sonne und Blaue Grotte

Im Jahr 1967 singt Hervé Vilard »Capri, c'est fini«, und dieses Chanson machte den Franzosen weltberühmt. Es trifft den Nerv der Zeit, diese Melancholie nach einer wunderbaren Zeit auf einer Insel der Träume. Fast 20 Jahre früher kommen die »Caprifischer« auf den Markt, und bis heute kennt jeder diesen Schlager. Eine wunderbare Schnulze von Rudi Schuricke, die die Sehnsucht der Deutschen nach Italien besingt.

Doch Capri war schon bei den Römern sehr beliebt. So tauschte Kaiser Augustus 29 v. Chr. die Insel Ischia gegen Capri ein, auch sein Stiefsohn Tiberius verbrachte die letzten Jahre seines Lebens auf dieser Insel, ließ Tempel und Paläste bauen. Der größte von ihnen, die Villa Jovis, steht auf einem Felsen, von dort blickt man in einen Abgrund von 300 Metern ins Meer. Von diesem Palast aus regierte er das Römische Reich, war er doch auf Capri wesentlich sicherer vor den damals üblichen Giftanschlägen als in der Hauptstadt. Antike Historiker behaupten, der alternde Lüstling hätte die Abgeschiedenheit der Insel genutzt, seinen pädophilen Neigungen ungestörter nachgehen zu können und bei Missfallen die Knaben ins Meer zu stoßen.

Insel der Freizügigkeit

Der Ruf als Ort freizügiger Sexualität haftete der Insel immer noch an, verstärkt durch Schriftsteller oder Industrielle wie Friedrich A. Krupp, der sich in den Höhlen am Strand mit anderen Männern vergnügt haben soll. Um einen besseren Zugang zum Strand zu gewinnen, ließ er eine steile Treppe in den Fels schlagen. In keiner Grand Tour fehlte die Insel, auch viele berühmte Dichter wie Mark Twain, Somerset Maugham, Rainer Maria Rilke, Alberto Moravia oder Alexandre Dumas ließen sich von ihrer Schönheit inspirieren, haben allerdings nur selten über die Insel geschrieben. Hier trafen sich auch Politiker gerne, so erinnert eine Gedenktafel in der Via Longana, dass Maxim Gorki fünf Jahre auf Capri lebte. Er wurde häufig von seinem Freund Lenin besucht, und die beiden sollen auf der berühmten Piazza Umberto I. die russische Revolution ausgeheckt haben. Gar nicht verklärt und sehr politisch sind die Werke des exzentrischen Curzio Malaparte (1898–1957), der sich in seinen

Oben: Die Marina Grande von Capri mit ihren zahllosen Yachten. Unten: Ein romantisches Restaurant in der Altstadt von Ischia. Rechte Seite unten: Der feine Ferienort Lacco Ameno verfügt über heilendes Thermalwasser und kann seit Jahrzehnten auf seine Stammgäste zählen. Rechte Seiten oben: Blick auf die Steilküste von Amalfi.

Capri – ewige Sehnsucht nach dem Mythos Italien

erfolgreichen Romanen wie »Die Haut« oder »Kaputt« mit dem Nationalsozialismus beschäftigte. Lange Zeit standen seine Bücher auf dem Index. Auf dem vorgestreckten Felsen Punta Masullo baute er seine rote Villa, die wie ein Bügeleisen ins Meer ragt und daher auf Capri »Il Ferro da Stiro« genannt wird.

Blaue Grotte und Axel Munthe

Nirgendwo fühlt man sich dem Meer näher, besonders an Tagen mit schlechtem Wetter, wenn die Wogen gegen die Felsen knallen. Dann ist die beste Zeit für Capri gekommen, denn die Boote aus Neapel müssen in ihrem Heimathafen bleiben. Sonst wird die Insel jeden Morgen von Besuchern überschwemmt, dann bleibt kein Stuhl auf der Piazza leer, drängeln sich die Menschen an den Souvenirständen vorbei, kleben an den Schaufenstern der eleganten Boutiquen. Dann springen sie in die Ruderboote, mit der nächsten großen Welle müssen alle den Kopf einziehen und werden in die Grotta Azzurra gespült. Und wirklich, das Wasser ist dort azurblau! Nun wartet die Villa von Axel Munthe (1857–1949) in dem Nachbarort Anacapri. Eigentlich hatte sich der schwedische Modearzt mehr als Schürzenjäger hervorgetan, doch sein 1929 veröffentlichter Roman »Das Buch von San Michele« wurde ein Welterfolg. Nun pilgern jedes Jahr 200 000 Menschen in dieses Haus, wo Munthe von 1896 bis 1910 lebte und sich mit einem Sammel-surium von Gegenständen umgab.

Capri ist teuer, doch den Sonnenuntergang gibt es umsonst: »Wenn bei Capri die rote Sonne im Meer versinkt«, beginnt das Lied der Caprifischer. Am schönsten ist der Blick vom 600 Meter hohen Monte Solaro oder von der Mauerbrüstung unterhalb der Villa Michele. Der Horizont verfärbt sich rötlich golden, und die Sonne scheint hinter der Silhouette von Ischia ins Meer zu plumpsen.

INSEL ISCHIA

Schon die Griechen und Römer lagen in den Schwefelthermen von Ischia, heute ist die Insel eine Domäne deutscher Kurfreaks. Nun ist das Publikum deutlich jünger geworden, seit die Krankenkasse das Abhängen in heißem Wasser nicht mehr bezahlt. Die Bars schenken wieder Hochprozentiges aus, anstelle eines kleinen Bieres. Im Norden von Ischia, im feinen Kurort Lacco Ameno, liegt »L'Albergo della Regina Isabella«, das in den 1960er-Jahren von dem Verleger Rizzoli gebaut wurde. Von den Zimmern gibt es einen aufregenden Blick auf den Golf von Neapel, und im Badezimmer fließt Thermalwasser aus den Hähnen. Die Insel Ischia lebt von Fangopackungen, doch das Hotel hat sich auf Anti-Aging spezialisiert. Der Thermalschlamm wird mit Enzymen, Vitaminen und Mineralien versetzt und führt zu einer besseren Aktivierung des Lymphsystems.
Website: www.reginaisabella.it

WEITERE INFORMATIONEN ZU CAPRI

Piazzetta Ignazio Cerio 11, Capri,
Tel. (081) 18 37 53 08
Website: www.capri.it

Ein Meisterwerk der Natur ist der Arco Naturale auf der Insel Capri.

Süditalien

38 Bari – man traut der Stadt nicht so recht

Die Stadt des heiligen Nikolaus

Über der Hauptstadt Apuliens schwebt das Gerücht der Unsicherheit, viele Besucher machen daher einen Bogen um die Altstadt. Doch auf einen Spaziergang durch die mittelalterlichen Gassen sollte man nicht verzichten. Es lohnt der Blick in Hinterhöfe und durch geöffnete Haustüren, wo die Signora die berühmte Pasta Apuliens, die *orechiette*, formt. Die Menschen sind sehr herzlich, und schnell hat sich ein launiges Gespräch entwickelt.

Oben: Die Seekathedrale von Trani ist die schönste Kirche im Stil der apulischen Romanik. Besonders im Abendlicht leuchtet ihr rosafarbener Stein, die pietra tranese. Unten: Ein charmanter Innenhof in Polignano del Mare. Rechte Seite unten: Eine Hochzeitsgesellschaft versammelt sich vor der Kirche im Zentrum von Bari.

Der 8. Mai ist ein besonderer Tag in Bari, denn die Statue des heiligen Nikolaus wird aufs Meer hinausgefahren, und in zahllosen Booten sitzen die Pilger, um dem Wundertäter zu huldigen. Am Abend wird die Figur wieder zurückgebracht und in einer Prozession durch die Straßen getragen. Nikolaus war ein berühmter Heiliger des Ostens, er wurde durch Byzanz, das das religiöse Leben Apuliens bis ins 11. Jahrhundert beeinflusste, auch im südlichen Italien bekannt.

Mächtiger Normannendom: die Basilika San Nicola

So fuhren 1087 drei apulische Schiffe nach Myra, um die Reliquien des Heiligen zu stehlen, ganz im Stil der Venezianer, die die Gebeine des Evangelisten Markus aus Alexandrien geraubt hatten. Noch im selben Jahr wurde mit dem Bau der Basilika begonnen, auf den Mauern eines sarazenischen Palastes entstand die erste und schönste normannische Kirche in Apulien. Im Jahr 1071 hatten die Normannen Bari erobert und das kleine Handelszentrum zu einer bedeutenden Seemacht ausgebaut. Ursprünglich direkt am Meer gelegen, quetscht sich die Basilika San Nicola in die Altstadt hinein. Ihr Vorplatz wirkt sehr bescheiden, so dass man eine solch eindrucksvolle Fassade gar nicht erwartet. Man schaut auf mächtige Nischenreihen an den Außenwänden, über ihnen wurden Zwerggalerien angeordnet. Zahllose Säulen tragen die dunkle Krypta mit dem Grab des Heiligen. Rechts steht eine Säule aus Myra, die sich der Legende nach aus der Grabeskirche löste und dem Leichnam folgte. Links vom Grab, durch ein Gitter geschützt, befindet sich eine orthodoxe

Bari – man traut der Stadt nicht so recht

Kapelle mit Ikonostase, eine Referenz an der Herkunft des Heiligen. Aus Nikolaus' Sarkophag tritt angeblich jedes Jahr eine bräunliche Flüssigkeit, die in kleinen Fläschchen verkauft wird.

Am gleichen Platz steht die kleine romanische Kirche San Gregorio, ein harmonisches Gebäude mit schöner Verzierung. Nur wenige Minuten entfernt, erreicht man den Dom San Sabino, der nach dem Vorbild der Basilika San Nicola erbaut wurde. Das Innere ist sehr schlicht gehalten, während sich an den Westportalen viele Details aus dem Barock finden lassen.

Piazza Mercantile und Castello Svevo

Eine Besonderheit ist der Sedile, das frühere Rathaus, geschmückt mit Renaissancefassade und einem Uhrtürmchen. Das Gebäude liegt an der Piazza Mercantile, einem lebhaften Treffpunkt mit vielen Restaurants. Von dort sind es nur wenige Meter zum alten Hafen, wo man herrlich auf der Uferpromenade flanieren kann. Vorbei am Castello Svevo, der Burg des Schwaben, denn so nannte man Friedrich II. in Italien. Im Jahr 1233 wurde mit dem Bau begonnen, doch wie den übrigen Stauferburgen fehlt auch ihm die viereckige Form, es entstand ein trapezförmiger Komplex mit vier Ecktürmen, von denen noch einer erhalten ist. Wahrscheinlich wurden die Mauern auf die Fundamente einer ehemaligen Normannenburg gestellt. Heute sind zur Seeseite noch drei Doppelfenster im Obergeschoss des ehemaligen Palas zu sehen.

ROMANTIK PUR IN POLIGNANO A MARE

Das einstmals griechische Polignano a Mare ist einer der hübschesten Orte Apuliens. Es ist faszinierend zu sehen, wie er sich an die Karstküste anklemmt und nichts von seinem mittelalterliches Ambiente preisgegeben hat. Hier ist die Zeit wahrlich stehengeblieben. Durch ein großes Tor gelangt man in die Altstadt mit ihren krummen Gassen und buckligen Kopfsteinpflastern; besonders am Abend ist das Ambiente einfach bezaubernd, wenn der Wind auffrischt und die Wellen des Mittelmeers mit großer Wucht gegen die Felsen knallen.

Bei schönem Wetter lässt sich ganz romantisch in der »Grotta Palazzese« zu Abend essen. In dem in einer Grotte gelegenen Restaurant ist man mit dem Meer fast auf Augenhöhe und genießt die elegante Fischküche, darunter die Spezialität *crudità del mare*.

Website: www.grottapalazzese.it

WEITERE INFORMATIONEN ZU BARI

Piazza Aldo Moro 33a,
Tel. (080) 5 24 23 61.
Website: www.pugliaturismo.com

Süditalien

39 Lecce – Üppigkeit in gelbem Sandstein

Unerwartete barocke Pracht im Süden

Die Stadt an der Spitze der Halbinsel Salentina war ein Zentrum des Römischen Reiches, denn sie lag ganz am Ende seiner Straßen, von dort wurden die Soldaten eingeschifft. So lassen sich im 100 000 Einwohner großen Lecce bedeutende Reste der einstigen Kultur finden, wie das 1938 ausgegrabene Amphitheater. Aus der Zeit der Normannen dagegen ist nur wenig erhalten, denn die Epoche des Lecceser Barock hat die ganze Altstadt verändert.

Oben, unten und rechts außen: Wegen des der Stadt eigenen »barocco leccese« wurde sie auch schon das »Florenz des Rokoko« oder »Florenz des Südens« genannt. Eines der berühmtesten Beispiele des Barockstils von Lecce ist die Fassade der Basilika Santa Croce. Rechte Seite oben: In vielen Werkstätten werden Figuren aus Pappmaché hergestellt.

Für den Stauferkaiser Friedrich II. war das Salento viel zu abgelegen, er kam nur bis Bari und reiste dann weiter nach Sizilien. Erst mit der Renaissance, am Ende des 16. Jahrhunderts, regte sich ein neuer Geist auf der Halbinsel. Die selbstbewussten Bischöfe von Lecce begannen mit der Verschönerung ihrer Stadt. Die mittelalterlichen Gebäude wurden niedergerissen und durch Adelspaläste im weichen Sandstein des Salentino ersetzt.

Üppige Verzierungen an allen Bauten

Die *pietra di Lecce* erwies sich als unendlich formbares Material und setzte der künstlerischen Fantasie keine Grenzen. Dazu die intensive Sonne des Mezzogiorno – und die Bauwerke schimmern in weichem Glanz. Adelspaläste, Brunnen und Torrahmen erhielten Verzierungen und verleihen der Altstadt noch heute ein charmantes Bild in dunklem Gelb. Viele Gebäude entstanden unter dem führenden Künstler jener Epoche, Giuseppe Zimbalo, genannt Zingarello. Wie der Dom, gebaut 1659 bis 1670, mit seinem Campanile, der mit dem Priesterseminar und dem Bischofspalast die weitläufige und sehr vornehm wirkende Piazza del Duomo einrahmt. Auch die Chiesa del Rosario ist ein Meisterwerk Zingarellos, voll üppiger Ornamentik. Das schönste Beispiel des Lecceser Barocks stellt die Basilika Santa Croce dar, wo jeder Zentimeter mit üppigen Steinmetzarbeiten belegt ist. Besonders sehenswert ist das Hauptportal mit der Rosette und im Inneren die Altarwand in der Cappella San Francesco di Paola, geschaffen von Francesco Antonio Zimbalo. Einen Spaziergang in den Nordwesten der Stadt erfordert die Friedhofs-

kirche Santi Niccolò e Cataldo. Sie wurde im Jahr 1180 gegründet und um 1760 im Lecceser Barock verziert. Die normannische Fensterrosette und das Portal blieben davon jedoch unberührt, und so lassen sich hier ganz interessante arabische und byzantinische Muster in der Leibung erkennen.

Rund um die Piazza d'Oronzo

Das gesellschaftliche Leben der Stadt spielt sich auf der Piazza d'Oronzo ab, wo sich der traditionsbewusste Lecceser im »Café Alvino« trifft, der ältesten Pasticceria der Stadt. Bei einer *granita di caffè* aus Espresso und zerstampftem Eis schaut man auf den Platz, und der Blick bleibt unwillkürlich an dem markanten Wahrzeichen, der Colonna di Sant'Oronzo, hängen. Der Schutzpatron steht auf einer Säule, die in Brindisi das Ende der legendären Via Appia markiert hatte. Ein Relikt aus derselben Zeit ist das gewaltige Areal des Amphitheaters, das wenige Meter von der Piazza d'Oronzo entfernt liegt. Nur zur Hälfte wurde die Arena ausgegraben, damals gab es Platz für 25 000 Zuschauer.

Figuren aus Pappmaché

Wieder zurück in die geschäftige Via Umberto I., wo eine kunsthandwerkliche Spezialität von Lecce angeboten wird: Figuren aus Pappmaché. In der »Bottega Piccolo Artigiano« kann man Pierfrancesco Calcagnile zusehen, wie die *cartapesta leccese* entsteht. In vielen feinen Schichten wird eine Masse aus Strohpappe, Mehl, Wasser und Eisensulfat über ein Drahtgeflecht gezogen. Früher waren die Figuren bräunlich wie der Maché, doch seit dem 18. Jahrhundert werden sie bunt eingefärbt.

Das geschieht durch Ansengen, *fuocheggiata* genannt, wobei das Feuer aus einer Kohleglut kommen muss. Gerne werden die Figuren für Prozessionen verwendet, denn sie wiegen nur einen Bruchteil der üblichen Stein- und Gipsheiligen. Besonders vor Weihnachten haben die rund zwanzig kleinen Werkstätten viel zu tun, denn ihre Krippenfiguren aus Pappmaché sind äußerst beliebt.

Abstecher zu römischen Ruinen

Das Stadttor Porta Rudiae führt zu den drei Kilometer entfernten Ruinen des römischen Rudiae. Hier wurde um 239 v. Chr. Quintus Ennius geboren, der zu einem wichtigen Vermittler griechischer und lateinischer Poesie wurde. Sehr bekannt wurde er durch das Epos »Annales«, in dem er die römische Geschichte von Äneas bis in seine Zeit in Hexametern beschreibt. Doch der Ruhm des späteren Vergil ließ sein Werk in Vergessenheit geraten.

OTRANTO – MOSAIKTEPPICH IM DOM

Nur 5500 Menschen leben heute in Otranto, doch souverän wie eine Göttin liegt die Stadt am Meer: ein wichtiger Hafen in der Zeit der Römer, ein Brückenkopf des Ostreiches unter byzantinischer Herrschaft. Der großartige Dom wurde unter den Normannen erbaut. 1480 kamen die Türken und verursachten ein Massaker im Dom, denn dorthin hatten sich die Bewohner geflüchtet. Durch das spätgotische Rosenfenster fällt das Licht auf die berühmten Mosaiken, die den ganzen Fußboden der Kirche bedecken. Es gab Ähnliches in Trani, Lecce und Brindisi, doch bis auf kleine Bruchstücke ist dort alles zerstört. In Otranto ist das größte zusammenhängende Werk in ganz Europa zu sehen, ein steingewirkter Teppich von Bayeux. Geschaffen von einem Priester namens Pantaleon in den Jahren 1163 bis 1166, der aber wohl kein großer Künstler war, denn die Bilder sind vergleichsweise roh und einfältig.
Informationen: Piazza Castello, Otranto.
Website: www.comune.otranto.le.it

WEITERE INFORMATIONEN ZU LECCE

Via Vittorio Emanuele 23, Lecce,
Tel. (0832) 33 24 63, www.comune.lecce.it

Oben: Die Stauferburg Castel del Monte ist das Markenzeichen Apuliens, die wegen ihrer architektonischen Glanzleistung – dem achteckigen Grundriss – weltberühmt ist. Unten: Apulien hat viele Geheimnisse, dazu gehört die Herkunft der *trulli*. Rechte Seite: In Alberobello gibt es zahlreiche Läden, die Spezialitäten der Region anbieten.

Süditalien

40 Apulien – eigenständige Kultur im Süden

Trulli, Kastelle und Bauerngüter

Das Bauernland Apulien zeigt Eigenheiten, die sonst in Italien nicht zu finden sind. Vieles beruht auf der Geschichte des »Stiefels« mit seinen zahlreichen Eroberern, die immer ein Stück ihrer eigenen Kultur mitgebracht hatten. In dieser Region prägen die eigenwilligen Steinhäuser der *trulli*, die Höhlenkirchen, die Gutshöfe der *masserie* und die Burgen Friedrichs II. die oftmals raue Landschaft.

Trulli

In der Murge, zwischen dem Adriatischen und Ionischen Meer, entstand die eigenwillige Form eines Hauses, die man *trullo* nennt. Viele vermuten ihren Ursprung in Syrien. In Apulien soll es 10 000 dieser Rundbauten geben, allein im historischen Zentrum von Alberobello stehen rund 1000 davon. Sehr dekorativ in ihrem leuchtenden Weiß, dicht aneinandergeschmiegt, strahlen sie eine heimelige Wärme aus. In der Mitte eines *trullo* liegt die Feuerstelle, ein Loch im Dach dient als Kamin und in den Ausbuchtungen an der Seite wird geschlafen. Viele haben keine oder nur winzige Fenster, so dass es sehr dunkel im Inneren ist. Da die Häuser ohne Mörtel gebaut werden, sind sie sehr anfällig gegen Regenwasser. Dann kommen die *trullari*, die reisenden Handwerker, die die Rundbauten reparieren und kunstvolle Schlusssteine als ihre Markenzeichen setzen.

Castel del Monte

Ganz verzaubert sprach Ferdinand Gregorovius, der bedeutende Reiseschriftsteller des 19. Jahrhunderts, von der »Krone Apuliens«. Bestimmt hatte er Castel del Monte im Abendlicht gesehen, wenn die Mauern im sanften Honiggelb schimmern. Diese Burg, errichtet auf einem Plateau inmitten von Nichts, stellt viele Fragen über das »Warum«. Es war keine wehrhafte Burg, es könnte als Jagdschloss geplant worden sein, denn Friedrich II. war ein ambitionierter Jäger. Aber es gibt kein Anzeichen, dass er jemals Castel del Monte betreten hätte. Ganz sicher aber hat das Schloss mit seiner oktogonalen Form den Ruhm des Stauferkaisers als Architekt und Weltenherrscher gemehrt. Innen ist das gewaltige Gebäude völlig leer, und es gibt nur zwei Hinweise für eine Nutzung, es soll 1246 als Gefängnis und drei Jahre später für eine Hochzeit verwendet worden sein.

Apulien – eigenständige Kultur im Süden

Monte Sant'Angelo

Die ersten christlichen Kapellen Süditaliens befanden sich in Höhlen, die auch als Versteck bei den sporadischen Verfolgungen in der *Magna Graecia* dienten. Die älteste Höhle liegt in den Hügeln des Gargano in der Stadt Monte Sant'Angelo. Seit dem 5. Jahrhundert ist die weitläufige Grotte ein Wallfahrtsort, doch schon in der Antike soll Kalchas, der Seher aus dem Trojanischen Krieg, an diesem Ort seine Visionen gehabt haben. Später wurde hier der persische Mithraskult, der im Römischen Reich sehr verbreitet war, mit Stieropfern und Bluttaufen gefeiert, bis im 5. Jahrhundert ein Bischof die Erscheinung des Erzengels Michael bestätigte. Der achteckige Turm der Kirche San Michele Arcangelo zeigt die Stelle, wo sich die Michaelsgrotte befindet. Dann geht es 85 Stufen hinunter und durch Bronzetüren, die aus Konstantinopel stammen, gelangt man an den heiligen Ort. Dort finden jeden Tag mehrere Messen statt, denn Monte Sant'Angelo ist ein sehr beliebter Pilgerort und meist voller Menschen. An Festtagen werden die Straßen mit Ketten aus Glühbirnchen geschmückt, mit Kanonendonner und Trompeten wird der Erzengel gefeiert.

Masserie

Jahrtausendealte Olivenbäume prägen mit ihren urwüchsigen Stämmen die Landschaft Apuliens und mittendrin stehen die *masserie*. Wahrscheinlich stammen sie aus der Zeit Friedrichs II., der diese Gutshöfe zu landwirtschaftlichen Musterbetrieben machen ließ. Im 17. Jahrhundert wurden sie aus Angst vor Piratenüberfällen zu autarken Festungen ausgebaut. Etliche der 2000 Landhäuser bieten *agroturismo* an und laden zu ganz besonderen Ferien in Apulien ein. Elegante Adressen sind die »Masseria San Domenico« mit herrlichem Pool und dem schönsten Golfplatz Apuliens und die »Masseria Torre Coccaro« mit ihrem Spa in einer Felsengrotte. (Websites: www.masseriasandomenico.com, www.masseriatorrecaccaro.com)

»MASSERIA IL FRANTOIO«

Rosalba und Armando Balestrazzi lieben ihre Rolle als Gastgeber und in ihrer »Masseria Il Frantoio« spürt man an allen Ecken diese Leidenschaft. In ihrem kleinen Hotel haben die beiden einen Hort der Entspannung geschaffen. Auf ihren 72 Hektar Land stehen zahllose Olivenbäume, in der eigenen Ölmühle werden die Früchte ausgepresst und im eigenen Laden verkauft. Bei Beginn des Abendessens erklingt Bluesmusik und Armando wirft einen neugierigen Blick auf seine Gäste. Die Küche läuft auf vollen Touren, denn ihr Renommee lockt viele zusätzliche Gäste an. Aus der einstigen Hausfrau Rosalba ist eine ambitionierte Köchin geworden, so mancher Gastrokritiker sitzt in ihrem Restaurant. Kann ihr nur Recht sein, denn die Produkte Apuliens bieten erstklassige Qualität – »da ist das Kochen nicht mehr so schwer«, meint sie.

SS. 16 km 874, 72017 Ostuni,
Tel. (0831) 33 02 76
Website: www.trecolline.it

WEITERE INFORMATIONEN ZU APULIEN

Regione Puglia, Corso Sonnino 177, Bari,
Tel. (080) 5 40 48 82
Website: www.regione.puglia.it

Süditalien

41 Matera und die Basilicata

Unbekannte Schöne mit herbem Charme

Die Basilicata ist eine Unbekannte in Italien, ihre herbe Schönheit will erobert werden. Das verlangt Zeit, denn die Straßen sind schmal und kurvig, doch für Stunden fährt man durch gewaltige Berglandschaften, ohne eine Menschenseele zu sehen. Der Name Basilicata stammt aus der byzantinischen Zeit, die *basilikos* waren die Beamten, die dieses Gebiet verwalteten. In der Ära des Faschismus wurde wieder die römische Bezeichnung »Lucania« eingeführt.

Wesentlich später als im benachbarten apulischen Monte Sant'Angelo haben sich um das Jahr 1000 byzantinische Mönche aus Kappadokien in die Felsen von Matera eingegraben und unterirdische Klöster und Kirchen gegründet. Später wurden die Höhlen von Bauern bewohnt.

Eine Zeitreise zu Materas Felsenwohnungen

Wie eine Reise in eine jahrtausendealte Geschichte ist der Besuch der Felsenstadt Matera, die noch immer die Atmosphäre einer großen, steinzeitlichen Siedlung ausstrahlt. Erst in den 1950er-Jahren wurden die Bewohner der *sassi* gezwungen, aus ihren Höhlen auszuziehen und mit den Häusern in der Neustadt vorlieb zu nehmen. Bis dahin war diese Region so arm und rückständig, wie sie von dem Arzt und Schriftsteller Carlo Levi in »Christus kam nur bis Eboli« beschrieben wurde. Er war von den Faschisten 1935/36 in die Basilicata verbannt worden. Sein Buch über diese Zeit erschien 1945 und sorgte für großen Aufruhr. Aufgerüttelt von dem Bericht baute man in den Fünfzigerjahren schließlich die ersten Wohnungen für 12 000 Menschen. Die beiden *sassi*, Sasso Barisano und Sasso Caveoso, wurden zu einer Museumsstadt und Matera zum Kulturgut der Menschheit.

Diese Felswohnungen zählen zu der ältesten Siedlungsform der Welt. In Matera fand man auch Spuren aus dem 4. Jahrhundert, erst im Mittelalter entstand eine richtige Felsenstadt. Manche der »Appartements« wurden direkt in den Felsen geschlagen, andere erhielten noch gemauerte Vorbauten. In der im Sommer brütend heißen Gegend bietet die steinerne Umgebung eine angenehme Kühle. Es gibt nur wenige Fenster und die Wohnungen wirken wie ineinandergestapelt. Man kann nur mit Mühe ausmachen, wo ein Haus beginnt

Oben, unten und rechte Seite: Das kleine Maratea, das im 13. Jahrhundert gegründet wurde, besteht aus einer Altstadt, die mit ihren kleinen Gassen bezaubert. Über viele Treppen ist der Stadtteil am Hafen zu erreichen. Von dort aus lassen sich Bootsausflüge zu den nahen Kalksteingrotten unternehmen.

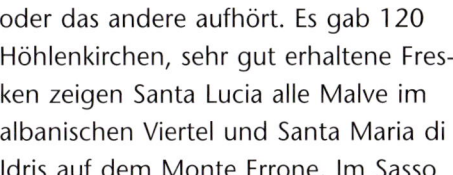

oder das andere aufhört. Es gab 120 Höhlenkirchen, sehr gut erhaltene Fresken zeigen Santa Lucia alle Malve im albanischen Viertel und Santa Maria di Idris auf dem Monte Errone. Im Sasso Barisano stehen die Felsenkirchen San Nicola dei Greci und Madonna delle Virtù. Die Kirche San Francesco d'Assisi wiederum erinnert an den Besuch des heiligen Franziskus im Jahr 1218.

WOHNEN IM SASSI-HOTEL

Zwanzig Grotten in Sasso Barisano wurden zu einem 3-Sterne-Hotel umgebaut, dort kann man das Wohngefühl in einem zeitgenössischen Sasso kennenlernen, allerdings mit Minibar, Fernsehen und Klimaanlage. Dazu ein toller Blick auf die Sassi.
Via San Giovanni Vecchio 89, 75100 Matera
Tel. (0835) 33 10 09
Website: www.hotelsassi.it

WEITERE INFORMATIONEN ZU MATERA UND DER BASILICATA

Via de Viti de Marco 9, Matera,
Tel. (035) 33 19 83
Website: www.inbasilicata.org

Süditalien

Der Pollino ist der größte Naturpark Italiens und erstreckt sich über die Regionen Kalabrien und Basilicata.

Impressionen aus Cosenza, der Hauptstadt Kalabriens.

42 Die wilde Basilicata

Mittelalterliches Ambiente in Maratea

Nur 30 Kilometer lang ist die tyrrhenische Küste der Basilicata, aber atemberaubend und nicht so überlaufen wie die prominente Nachbarin Amalfitana. Spektakulär ist die Folge von Karstgrotten, Sandbuchten und Kiesstränden, die von steil aufragenden Felsen begleitet werden. Vor der kleinen Insel Santo Janni fand man römische Anker und auf der Insel große Tonwannen zum Züchten von Sardinen und Makrelen, um sie später zur beliebten Fischsoße *garum* zu verarbeiten. Viel mittelalterliches Ambiente hat sich in dem Städtchen Maratea erhalten, dazu tragen schon allein 44 Kirchen bei. Über der Stadt, auf dem Monte Biagio, wo einst das alte Maratea lag, thront die imposante Statue des Erlösers, die größte Christusfigur Europas. Mitten in der Altstadt wurde in einem ehemaligen Nonnenkloster ein sehr schickes Hotel mit 24 Zimmern und einer Suite eingerichtet. Im Garten blühen Zitronenbäume und Jasmin, dort lockt auch ein großzügiger Swimmingpool (www.locandamonache.com).
Informationen zu Maratea: Piazza del Gesù 32, Maratea, Tel. (0973) 87 69 08.

43 Cosenza – die Stadt in den Bergen

Alte Universitätsstadt im Aufschwung

Auf sieben Hügeln wurde die einstige griechische Kolonie Cosenza erbaut und ihre Geschichte ist mehr als lebendig. Als führende Stadt im Süden Italiens musste sie jede Eroberung erleiden. Nach dem Zerfall der *Magna Graecia* kamen die Römer, dann die Sarazenen und die Normannen, danach das französische Königshaus der Anjou und schließlich die Aragonesen. Heute leben dort 70 000 Menschen, ein Mittelpunkt ist die Universität der Accademia Cosentina, die im 16. Jahrhundert gegründet wurde. Nachdem die Stadt lange Zeit im Tiefschlaf gelegen hatte, lockt sie nun mit einem ambitionierten Kulturleben.
Trotz Erdbebenschäden und mancher Umbauten hat das Castello Svevo auf dem Colle Pancrazio wenig von der Aura eines mächtigen Kastells verloren. Ganz klassisch ließ Kaiser Friedrich II. diese Burg anlegen mit rechteckigem Grundriss und markanten Ecktürmen. Der oktogonale Turm im Südosten mutet wie ein Vorbote des späteren Castel del Monte in Apulien an.
Informationen: www.comune.cosenza.it

Parco Nazionale della Calabria

44 Parco Nazionale della Calabria

Uralte Riesenbäume

Östlich von Cosenza liegt der Nationalpark von Kalabrien, der aus drei Teilen besteht: der mit Panzerfichten bewachsenen Sila Grande, deren Bergspitzen bis knapp auf 2000 Meter reichen, der sanfteren Sila Piccola mit ihren Buchenwäldern und der nördlich gelegenen Sila Grecia, einer zerklüftete Landschaft mit karger Vegetation. Das Örtchen Camigliatello Solano bietet eine gute Ausgangsbasis für Wanderungen und Skitouren. Diese Gegend ist sehr bekannt für ihre Steinpilze und die Kalabresen sind offensichtlich leidenschaftliche Sammler, denn es gibt zahlreiche Gerichte mit dieser Köstlichkeit. Dort stehen auch die »giganti di Fallistro«, die gewaltigen Bäume des *pino larico*, die in der Zeit von 1620 und 1650 gepflanzt wurden. Die schönsten Exemplare der Riesenpinie erreichen 43 Meter Höhe die Stämme können Durchmesser von mehreren Metern aufweisen. In der Sila Grecia sind weitere Riesenbäume zu bewundern, es sind Riesenkastanien, die bis zu 40 Meter hoch werden. Viele von ihnen sind mehr als 1000 Jahre alt.
Informationen: www.parcosila.it

Eine große Ruhe und viel Einsamkeit liegen über dem Nationalpark von Kalabrien.

45 Parco Nazionale dell'Aspromonte

Einst ein Versteck der Mafia

Viel weiter südlich, am Ende von Kalabrien, liegt der Nationalpark von Aspromonte. Wie eine Pyramide oberhalb des Meeres ragt der Monte Montalto fast 2000 Meter hoch in den süditalienischen Himmel. Dicht bewaldet, mit steilen Felsklippen auf der tyrrhenischen Seite, zeigt dagegen die ionische Seite tiefe Schluchten und viele Monolithe. Lange Zeit war der unwegsame Aspromonte ein beliebter Schlupfwinkel für die kalabrische Mafia. Allein die Umrundung auf der Staatsstraße führt nur am Meer entlang, immer eingeklemmt zwischen Küste und schroffen Bergen. So sind die ersten Orte auf Felsnasen im Landesinneren entstanden, erst nach dem Krieg wurden kleine Dörfer am Meer gebaut. Mittlerweile hat sich der junge Nationalpark (1994) einen guten Namen in Wandererkreisen erworben. Der Ausgangsort ist Gambarie, von dort werden zahlreiche Wanderungen angeboten, die gut markiert sind und unterschiedliche Schwierigkeitsgrade aufweisen. Auch Etappen des »Sentiero Italia« führen durch den Aspromonte. Informationen: www.parcoaspromonte.it

Ein malerischer Ort ist Tropea an der tyrrhenischen Küste.

Süditalien

46 Palermo – Glanz der Vergangenheit

Aus dem Schmuddelkind könnte eine Prinzessin werden

Die Ermordung von zwei Richtern hat die Stadt aufgeweckt. Im Jahr 1992 wurden Giovanni Falcone und wenige Monate später Paolo Borsellino von der Mafia umgebracht. »È andata oltre«, hieß es, nun sei der Bogen überspannt. Noch heute weht eine kleine Fahne an jener Stelle der Autobahn. Ein »piano, piano« bestimmt den Alltag der Millionenstadt, im südlichsten Mezzogiorno erfolgt der Aufschwung in kleinen Schritten.

Oben: In der mächtigen Kathedrale Palermos steht der Sarkophag von Friedrich II. Unten: Die Cappella Palatina ist berühmt für ihre byzantinischen Mosaiken. Rechte Seite: Sizilianisches Gewirr in der Altstadt von Palermo – man arrangiert sich mit der Enge.

Gegen sieben Uhr morgens beginnt das Leben in Palermos Via Mariano Stabile. Ein rauchiges »buon giorno« ist von der gegenüberliegenden Bar zu hören, dann zischen die Espressomaschinen. Ratternd werden die ersten Rollläden hochgezogen, noch können sich Müllwagen und Bus die Straße teilen, eine Stunde später kämpft hier der Verkehr um jeden Zentimeter Vorwärtskommen. Dann wird das Hupen zorniger, drängen immer mehr *motorini* zwischen die Lücken. Erst mit der Siesta beruhigt sich die Stadt für zwei Stunden, um dann bis tief in die Nacht ihr pulsierendes Leben zu zeigen.

Streifzug durch die Geschichte

Die einmalig schöne Lage in der Ebene der Conca d'Oro, einem natürlichen Amphitheater ähnlich, veranlasste die Phönizier zur Gründung von Ziz im 8. Jahrhundert v. Chr. an jener Stelle, wo heute der Hafen La Cala liegt. Bei den Griechen, die die Stadt für zwei Jahrhunderte halten konnten, hieß sie Panormos. Erst mit den Sarazenen ging es aufwärts mit Palermo, denn im Jahr 831 wurde »Bulirma« die Hauptstadt ihres sizilianischen Reiches. Es war eine kulturelle und ökonomische Blütezeit, denn über den geschäftigen Seehafen gelangten Zitronen, Orangen, Maulbeerbäume, Johannisbrotbäume, Dattelpalmen und Zuckerrohr auf die Insel. Der fruchtbare vulkanische Boden und die berühmten Bewässerungssysteme der Araber verwandelten Sizilien in einen Garten Eden. Das gefiel auch den Normannen, die Palermo 1072 eroberten und zur Hauptstadt ihres Königreiches erklärten. Wenig erfahren in Architektur, ließen die Normannen die sarazenischen Baumeister gewähren, und es entstand

Oben: Byzantinisches Mosaik in der Kirche La Matorana. Unten: Der verspielte Aufgang zur Piazza Pretoria, der einen Kontrast zu den eher strengen Fassaden bildet. Rechte Seite unten: Ein Innenhof im Renaissance-Stil in Palermo. Rechte Seite oben: Ein reich dekorierter Vespa-Roller.

Süditalien

eine der schönsten Städte Europas. Ein aufregendes Beispiel ist der Dom von Monreale, etwas außerhalb der heutigen Stadt gelegen, dessen Wände vollständig mit aufwendigen Mosaiken überzogen sind und dessen Kreuzgang mit seinen 228 marmornen Doppelsäulen ein Meisterwerk mittelalterlicher Baukunst darstellt.

Palermo wurde eine multinationale Stadt, am Hofe arbeiteten jüdische, griechische und arabische Wissenschaftler. Ende des 12. Jahrhunderts kamen die Staufer und Sizilien erlebte eine grandiose Zeit unter Friedrich II. Mit seinem Tod ging es abwärts, die Herrschaft des verhassten Königshauses Anjou wurde durch die Sizilianische Vesper, den Volksaufstand gegen die Franzosenherrschaft, 1282 beendet. Auch die Aragonesen bluteten die Insel aus, es herrschte bittere Armut und Unterdrückung. Im Zweiten Weltkrieg wurde die Innenstadt bombardiert, 1968 zerstörte ein Erdbeben viele Häuser im *Centro storico*.

Aufschwung in der Gegenwart

Erst mit der Wahl des Bürgermeisters Leoluca Orlando 1993 wehte ein frischer Wind durch die verwahrlosten Gassen. Nun sanierte man Teile der Altstadt, wandelte die Fußgängerzone der Via Principe di Belmonte zur Flaniermeile um, doch sein Meisterstück war das Teatro Massimo: Der imposante Bau, der 23 Jahre als »chiuso per restauro« ausharren musste, wurde mit einer grandiosen Feier wieder geöffnet. Aber 2000 verlor der linksliberale Orlando die Macht an die Partei Berlusconis, Forza Italia, auch sieben Jahre später konnte er nicht gegen Diego Cammarata gewinnen. Die Menschen von Palermo nehmen es mit Gelassenheit, man spricht von Wahlbetrug oder dass Orlando Fehler gemacht hätte. Irgendwie verlieren sich die Argumente im Dampf der Espressomaschinen in der »Bar Marocco« gegenüber der Cattedrale Maria Santissima Assunta. Noch schnell ein *cannolo* und einen Cappuccino, dann wartet die Kunst.

Kirchen in der Innenstadt

Wegen des Grabes von Friedrich II. kommen die meisten Besucher in die Kathedrale. Dort steht sein schlichter Sarkophag aus Porphyr, allerdings fand man bei der letzten Öffnung drei Skelette. Doch für die vielen Bewunderer des Stauferkaisers spielt so etwas keine Rolle, das zeigen die vielen Blumen an seinem Grab. Nur wenige Minuten entlang der Vorzeigestraße Corso Vittorio Emanuele steht der normannische Königspalast Palazzo Reale mit der berühmten Cappella Palatina. Sie wurde 1132 bis 1140 als Hofkapelle von Roger II. in den Palast eingefügt und ist ein Kleinod arabisch-normannischer Kunst. Die ältesten Mosaiken sind im Altarraum zu sehen, in der Kuppel wird ein imposanter Christus Pantokrator von acht Engeln eingerahmt. Etwas südlich des Palazzo Reale trifft man auf die Kirche San Giovanni degli Eremiti, deren kleine rote Kuppeln schon von weitem zu sehen sind. Im 6. Jahrhundert stand hier ein Benediktinerkloster, dann wurde es eine Moschee, und Roger II. ließ ab 1142 eine Kirche mit Kreuzgang bauen. Zurück auf dem Corso Vittorio Emanuele, der auch Cassaro heißt, zur Piazza Vigliena, die in Palermo nur »I Quattro Canti« genannt wird. Hier trifft die Via Maqueda auf den

Palermo – Glanz der Vergangenheit

Cassaro, wo die Fassaden der Eckgebäude mit den Skulpturen von Königen und Schutzheiligen verziert sind. Doch leider kreuzt sich hier auch der übermächtige Verkehr, deshalb gibt es nur Zeit für einen schnellen Blick. Da rettet man sich über die eigenwillige Piazza Pretoria mit ihren nackten Schönheiten zur Kirche La Martorana. Sie stammt aus der Epoche Rogers II. und entstand als byzantinische Kreuzkuppelkirche, doch im selben 12. Jahrhundert noch wurden Campanile, Innenhof und eine Vorhalle dazugebaut. Im Inneren ziehen zwei Widmungsmosaiken alle Blicke auf sich, auf der rechten Seite wird Roger II. von Christus persönlich gekrönt, was ein Affront gegen den Papst sein sollte. Links liegt der Stifter Georg von Antiochien in demütiger Pose vor der Muttergottes.

Die Altstadt: teils verkommen, teils schick

Nach so viel Kunst erfrischt ein Bummel durch die Altstadtviertel, über die Märkte von Lo Capo oder Ballaro. Der einst viel gepriesene Mercato Vucciria ist ein Elendsviertel geworden. »Hier wurde nichts investiert«, heißt es, es ist eine Gegend der zwielichtigen Gestalten. Ganz anders das ehemals verruchte Hafenviertel La Kalsa.

Südlich des Cassaro beginnen die Gassen mit den dicken Pflastersteinen, viele Häuser wurden dort saniert und die heruntergekommenen Fassaden protzen mit neuem Schick. Doch die Menschen, die hier lebten, können sich diese Wohnungen nicht mehr leisten. »Hier hat die Politik die Hand im Spiel«, sagen die Leute. Nun gibt es trendige Bars, Galerien mit zeitgenössischer Kunst und im Sommer ein Kulturfestival. Mit Vorliebe verbringt die Jeunesse dorée von Palermo ihre Abende in den engen Sträßchen. Darüber sind die Bewohner in ihren teuren Wohnungen wenig erfreut, denn es gibt keine Sperrstunde in Palermo sodass die ganze Nacht Stimmen und Gelächter durch La Kalsa hallen. »Wir wollen schlafen!« steht auf einem großen Plakat.

NATURSCHUTZGEBIET DER MADONIE

Südlich von Cefalù beginnt die Berglandschaft der Madonie und die SS 120, die Strada dell'Etna e delle Madonie, schlängelt sich vorbei an Kastanien, Buchen und Steineichen. Im Jahr 1977 wurde hier ein Naturschutzgebiet geschaffen. Der Pizzo Carbonara erreicht knapp 2000 Meter und ist der zweithöchste Berg nach dem Ätna. Immer weht ein frischer Wind, oftmals ist es überraschend kühl im Vergleich zur Hitze an der Küste, im Winter fällt sogar Schnee. In der einsamen Gegend lässt es sich wunderbar wandern. Unterhalb von dem Ort Polizzi Generosa, der auf einem Felsklotz thront, liegt der »Agroturismo Giardino Donna Lavia«. Seit zehn Jahren wird er von Karin und Luigi Frascona geführt. Alles, was auf den Tisch kommt, stammt aus dem eigenen Garten oder dem örtlichen Markt. Fünf Zimmer wurden in dem Gebäude aus dem 13. Jahrhundert eingerichtet.
Websites: www.parcodellamadonie.it, www.giardinodonnalavia.com

WEITERE INFORMATIONEN ZU PALERMO

Piazza di Castelnuovo 35, Palermo,
Tel. (091) 6 05 81 11
Website: www.palermotourism.com

Pferdedroschken warten auf der Piazza Pretoria auf Kundschaft. Im Hintergrund die Kirche Santa Catarina.

Süditalien

47 Der unbekannte Westen und der legendäre Süden Siziliens

Hier lernten die Römer griechische Kultur kennen

Während in Palermo nur der Hafen Cala auf die Magna Graecia, Großgriechenland, hinweist, sind im Westen und Süden viele Zeugnisse der einstigen Hochkultur zu finden. Damals waren Süditalien und Sizilien eine Art »Amerika der Griechen«, dort ließ sich eine neue Existenz aufbauen, dort waren Städte und Tempel glanzvoller und die Erde fruchtbarer als in der Heimat.

Rätsel um den Tempel von Segesta

Als spektakulärer Solitär thront der dorische Tempel von Segesta auf einem Hügelrücken. Er wurde von dem Volk der Elymer 417/416 v.Chr. gebaut und ist bis heute ein Mysterium, denn man sieht nur die Außenhaut. Kein Dach war vorgesehen und es fehlt die Cella, das Innenleben eines Tempels. Wahrscheinlich sollte er Reichtum vorspiegeln, denn die Elymer lagen in ständigem Streit mit ihren Nachbarn. So hatten sie ihren Partner Karthago gegen Athen ausgespielt, die Griechen zeigten sich beeindruckt von dem Tempel und schickten Krieger nach Segesta. Gegenüber, auf dem Monte Barbaro, liegt die antike Stadt, die nur teilweise ausgegraben wurde. Der Weg, eine halbe Stunde Fußweg oder eine Busfahrt, lohnt wegen des griechischen Theaters, das noch heute einen Panoramablick auf die Küste und das vorgelagerte Land gestattet.

Marsala und die Insel San Pantaleo

Berühmt für ihren süßen Wein ist die Hafenstadt Marsala an der Westküste. Er wird seit dem 18. Jahrhundert hergestellt und war lange Zeit eine Domäne der Engländer.
Auch im Weingut Donnafugata wurde bis Anfang der 1980er-Jahre Marsala verkauft, doch dann entschloss sich Giacomo Rallo, auf Qualitätsweine umzustellen. Sizilien besitzt noch viele autochthone Trauben und die Mischung mit weltweit bekannten Sorten wie Chardonnay oder Merlot ergibt ganz spannende Weine. Seine Reben wachsen in der Mitte Siziliens, bei Contessa Entellina und auf der Insel Pantelleria, wo der Süßwein Passito entsteht. (Website: www.donnafugata.it)
Vor der Stadt Marsala liegt die Insel San Pantaleo, mit einem Boot gelangt man zur Stiftung des englischen Weinkaufmanns und ambitionierten Hobbyar-

Oben: Der majestätische Hera-Tempel in Selinunt. Unten: Im Tal der Tempel in Agrigent steht der unzerstörte Concordia-Tempel, ein Zeugnis griechischer Hochkultur. Rechte Seite oben: Der Tempel der Hera beherrscht die Anhöhe bei Agrigent. Rechte Seite unten: Der Concordia-Tempel als Synonym für Gleichmaß und Schönheit.

Süditalien

chäologen Joseph Whitaker. Ab 1906 hatte er die Insel stückweise gekauft und begann die phönizische Hafenstadt auszugraben. In seinem Museum steht die bemerkenswerte Statue eines griechischen Kriegers aus dem 5. Jahrhundert, die erst 1979 entdeckt wurde. Sie zeigt eine hohe künstlerische Fertigkeit, denn wie Seide liegt das eng anliegende plissierte Gewand am Körper des Mannes und offenbart mehr die Nacktheit seiner kraftvollen Figur, als sie verhüllt.

Selinunt: Gigantische Tempelreste

Als ein Chaos aus Steinen und Tempelsäulen könnte man Selinunt bezeichnen, zu dem der Dichter Heinrich von Kleist meinte »Es steht, weil alle Steine gemeinsam einstürzen wollten.« Kaum 200 Jahre hatte die Geschichte des stolzen Selinunt gedauert, dann wurde es zum größten Trümmerhaufen der antiken Welt. Die erbosten Karthager unter Hannibal zerstörten die Stadt vollständig, nur mehr acht Tempel ragen empor. Sie tragen keine Namen, sondern Buchstaben, allein Tempel E im östlichen Teil wurde teilweise wieder aufgebaut. Jedoch stümperhaft, wie die Archäologen sagen. Geradezu gigantische Ausmaße hatte Tempel G aus dem späten 6. Jahrhundert, er dürfte zu den größten Bauwerken des antiken Reiches gezählt haben. Eine kleine Siesta am Meer, im Fischerdorf Mariella di Selinunte sollte man bei Jojo in seinem »Lido Zabbara« verbringen und seine Antipasti genießen. Dazu der Wind, das Geräusch der Wellen und eine warme Sonne. Ein wahres Aushängeschild Siziliens.

Agrigent und das Tal der Tempel

Wie an einer Kette stemmen sich die Hochhäuser von Agrigent in den Him-

Oben: Relikte des Hera-Tempels von Selinunt. Mitte: Ein Telamon aus dem Zeus-Tempel. Die riesenhaften Gestalten trugen das Gebälk des Tempels. Unten: Die Reste des Tempels E und G in Selinunt. Rechts: Der Weg zum Concordia-Tempel in Agrigent. Rechte Seite: Der Segesta-Tempel.

Der unbekannte Westen und der legendäre Süden Siziliens

mel, auch sie stehen auf den Resten des antiken Akragas. Südlich der Stadt liegt das Tal der Tempel, auch hier wüteten die Karthager und später die Christen. Nur der Concordia-Tempel steht in vollendeter Schönheit, denn er diente als Kirche und wurde nicht zerstört. Ein Blickfang sind die drei Säulen, die aus Fragmenten zusammengefügt wurden und Reste des Castor- und Pollux-Tempels darstellen. Im Museum ist einer der riesigen Telamone zu sehen, die als Gebälkträger im Tempel des Zeus standen.

Piazza Armerina und Syrakus

Ein langer, aber lohnender Abstecher führt in die Nähe des Bergstädtchens Piazza Armerina, dort sind in der Villa Casale die schönsten Fußbodenmosaiken zu sehen. Erst im 20. Jahrhundert wurden sie entdeckt, die dargestellten Szenen sind bis ins kleinste Detail ausgeführt und vermitteln einen großartigen Eindruck von antiker Lebensweise. Siracusa war die bedeutendste Stadt der spätgriechischen Antike und zählte damals mehr als 100 000 Einwohner. Dort lebte auch der Mathematiker Archimedes, der bei der Schlacht gegen das übermächtige Rom im Jahr 212 v. Chr. ums Leben kam. Erst durch die Plünderung von Siracusa lernten die Römer die griechische Kunst überhaupt kennen weshalb Cicero schrieb, »dass Rom vor Diebesgut erstrahlte«. Im Parco Archeologico sind das griechische Theater und die Steinbrüche zu sehen, darunter die Latomia del Paradiso mit einer gewaltigen Höhle, dem sogenannten Ohr des Dionysius. Hier sollen 7000 eingekerkerte Athener auf ihren Tod gewartet haben. Ganz zauberhaft liegt die Altstadt auf der Insel Ortigia, die durch zwei Brücken mit dem Festland verbunden ist. Sie trägt heute ein barockes Gesicht.

HOTEL »IL GIARDINO DI COSTANZA« – ENTSPANNUNG UNTER SIZILIANISCHEM HIMMEL

An der Westküste, bei Mazara del Vallo, liegt das Kempinski-Resorthotel »Il Giardino di Costanza«. Es ist ein guter Ausgangspunkt für einen Streifzug an die unbekannte Westküste mit dem arabisch geprägten Mazara del Vallo, dem verträumten Marsala und dem lebendigen Trapani. Von dort aus gehen auch die Fähren zu den Ägadischen Inseln. Die ideale Erholung bietet das Hotel mit seinen 91 Zimmern und den beiden Swimmingpools. Ganz *à la siciliana* wirkt die Spa-Behandlung von Daniela Steiner mit Salz aus den Salinen bei Trapani und dem heimischen Olivenöl. Später, beim Abendessen auf der Terrasse, hört man das Plätschern der Wasserspiele, isst sizilianischen Fisch und trinkt sizilianischen Wein.
Website: www.kempinski.de

WEITERE INFORMATIONEN ZUM WESTEN UND SÜDEN SIZILIENS

Palermo: Piazza di Castelnuovo 35, Palermo, Tel. (091) 6 05 81 11, www.palermotourism.com
Marsala: Via IX. Maggio 100, Marsala, Tel. (09 32) 71 40 97, www.prolocomarsala.it
Syrakus: Via San Sebastiano 43, Siracusa, Tel. (09 31) 6 77 10, www.apt-siracusa.it

Süditalien

48 Catania und Taormina – zu Füßen des Ätna

Fruchtbarer Boden und herrliche Landschaft

Der Ätna bietet die atemberaubende Kulisse für das bodenständige Catania und das zauberhafte Taormina. Sein oftmals schneebedeckter Gipfel ist der perfekte Kontrast zum azurblauen Mittelmeer, dazwischen klemmen sich die Häuser der beiden Städte, wollen die Gebäude und Gärten allzu gerne immer weiter den Hang hinauf wachsen. Denn nirgendwo wächst und blüht es besser als in vulkanischer Erde.

Doch über Nacht kann sich der Ätna in ein Ungeheuer verwandeln und mit seiner feurigen Lava allem Leben ein Ende setzen. Nur dreißig Kilometer liegt Catania vom Hauptkrater des Vulkans entfernt. Im Jahr 1669 strömten seine glühend heißen Boten durch die Stadt, teilten sich beim Castello Ursino und füllten das Hafenbecken auf. Mit Booten und Schiffen versuchten sich die Einwohner zu retten. Nur ein knappes Vierteljahrhundert später zerstörte ein Erdbeben die Stadt. Doch bald danach wurde Catania wieder im pechschwarzen Stein aufgebaut und bezauberte mit barocken Gebäuden.

Catania: die bodenständige Sizilianerin

Der Mittelpunkt ist die Piazza del Duomo mit der Fontana dell'Elefante, geschaffen von Giovanni Battista Vaccarini aus Palermo, der die Stadt nach dem Erdbeben maßgeblich gestaltet hatte. Ein aus Lavastein gefertigter Elefant römischen Ursprungs trägt einen vier Meter hohen Obelisken mit einem christlichen Kreuz. Eine Ähnlichkeit zur Skulptur Berninis auf der Piazza Minerva in Rom ist unverkennbar. An der Ostseite steht der Dom, dessen Apsiden und das Querschiff aus der ehemals normannischen Kirche stammen. Nur wenige Meter entfernt sieht man die schöne Kuppelkirche der Cappella di Sant'Agata, beide Gotteshäuser sind der Schutzpatronin der Stadt gewidmet. Im Dom wurde 1835 der berühmte Opernkomponist Vincenzo Bellini begraben, und ganz in der Nähe steht auch das Teatro Bellini, eines der schönsten Theater südlich der Alpen.

Vincenzo Bellini wurde 1801 in Catania geboren und feierte besonders mit »La Norma« große Erfolge in der Mailänder Scala. Damals sang Maria Malibran die Hauptrolle, der legendäre Opernstar des 19. Jahrhunderts. Als Reverenz an sein

Oben: Die Fontana dell'Elefante auf der Piazza del Duomo in Catania besteht aus einem römischen Elefanten und einem ägyptischen Obelisken. Unten: Die Via Etnea gehört zu den großen Geschäftsstraßen Catanias. Rechte Seite unten: Besucherscharen wandern den Ätna hinauf. Rechte Seite oben: Blick von Taormina auf die Ostküste Siziliens.

Catania und Taormina – zu Füßen des Ätna

Schaffen kann man überall in der Stadt »Spaghetti alla Norma essen«: Pasta mit einem Sugo aus Tomaten, Basilikum, Auberginen und Ricotta, perfekt zubereitet im »Ristorante Metro« in der Via Crociferi. Da ist man in der feinsten Straße Catanias angelangt, geschmückt mit Palästen, Kirchen und Klöstern aus dem 18. Jahrhundert. Nur wenige Minuten entfernt steht die dreischiffige San Nicolò L'Arena, sie sollte die größte Kirche Siziliens werden, wurde aber nie vollendet. Daneben das beeindruckende Benediktinerkloster, wo heute die Universität untergebracht ist.

Natürlich kann Catania auch eine Stauferburg herzeigen, denn Friedrich II. liebte Sizilien. Zwischen 1239 und 1250 ließ der Kaiser das Castello Ursino im Süden der Stadt bauen. Ursprünglich lag die quadratische Burg mit ihren markanten Ecktürmen direkt am Meer, doch der Vulkanausbruch von 1669 hat den Küstenverlauf verschoben. Die dicken Mauern des Kastells haben den feurigen Massen standgehalten.

Taormina: ein kleines Paradies

Das kleine Taormina verschlägt einem die Sprache. Es ist die einzigartige Lage des kleinen Städtchens, dessen Häuser sich wie ein griechisches Theater den Berg entlang ziehen.

So führt der klassische Spaziergang hinauf zum Teatro Greco, wo der schönste Aussichtspunkt oberhalb des Theaters beim Antiquarium liegt. Von dort sieht man Kalabrien und die Berge westlich von Taormina, schaut auf Orangenhaine und blendend weiße Häuser. Dann geht es hinunter ins Besuchergewühl auf dem Corso Umberto, wo sich ein Laden an den anderen reiht.

Eine Million Besucher überrollen jedes Jahr das 10 000 Einwohner kleine Taormina, doch abseits der »Rennstrecke« hat sich sein dörflicher Charme über die Zeit gerettet. Am Abend trifft man sich auf der Piazza IX. Aprile. Besonders die 200 Meter über dem Meer gelegene Terrasse wird zu einem Stelldichein der Eitelkeit. Besonders schick ist das »Café Wunderbar«.

DER ÄTNA: EINE STÄNDIGE BEDROHUNG

Auch der Ätna will keine Ruhe geben, oftmals steht eine Rauchwolke über seinem Gipfel. Majestätisch beherrscht der höchste Vulkan Europas den Nordosten Siziliens. Einen »großen Zerstörer« nannte ihn Johann Gottfried Seume, als er 1812 bei seinem legendären »Spaziergang nach Syrakus« den Vulkan bestieg und von seiner Schönheit begeistert war. Ein heftiger Ausbruch im Oktober 2002 zerstörte die gesamte Infrastruktur. Nun führt eine neue Seilbahn vom Rifugio Sapienza bis zur Bergstation La Montagnola, auf 2600 Meter. Dort warten geländegängige Jeepbusse, die die Besucher auf 2900 Meter bringen. Am Kraterrand geht es dann zu Fuß weiter, doch ohne Führer ist es lebensgefährlich. Ein schöner Ausflug wird mit der Schmalspureisenbahn Circumetnea angeboten, die den Ätna beinahe umrundet. Die Fahrzeit für die 110 Kilometer ist drei Stunden.

WEITERE INFORMATIONEN ZU CATANIA UND TAORMINA

Catania: Via Cimarosa 10, Catania, Tel. (095) 7 30 62 11, www.apt.catania.it
Taormina: Palazzo Corvaja, Taormina, Tel. (094) 22 32 43, www.gate2taormina.com
Ätna: Via G. Garibaldi, Nicolosi, Tel. (095) 91 15 05, www.apt.catania.it/etna/index.html

Süditalien

49 Liparische Inseln – Paradiese im azurblauen Mittelmeer

Beschauliches Leben auf Trauminseln

Eine Bootsfahrt steht vor dem Genuss. Sollte das Meer zornig sein, fährt kein *aliscafo*, keine Fähre, und man steht verloren am Hafen. Doch es gibt jene Traumtage, an denen das Wasser ganz ruhig ist und nur das Schnellboot ein paar Wellen erzeugt, die sich rasch wieder zu einer endlosen Fläche in Blau schließen. Die Liparischen Inseln bieten die Qual der Wahl: Sucht man viel Ruhe in diskretem Luxus, möchte man wandern oder seinen Körper in den berühmten Schwefelquellen pflegen.

Oben: Blick auf die Hafenstadt Milazzo und ihre mächtige Festung. Unten: In der Altstadt von Lipari muss man zu Fuß gehen. Rechte Seite oben links: Die Kirche in der Zitadelle von Lipari.

Gegen sechs Uhr morgens in Catania. Aus dem Fenster eines Taxis blicken zwei braune Augen, und mein Kopfnicken kostet mal eben 120 Euro. Verführung auf sizilianisch. Dafür kann ich auf der Fahrt zum Hafen von Milazzo die aufgehende Sonne beobachten, die langsam die struppig trockene Landschaft Süditaliens erobert. Nach zwei Stunden sitze ich schon in einer Bar, trinke den ersten Cappuccino und blättere in der rosafarbenen Zeitung »Gazzetta dello Sport«. Spiegelglatt ist das Wasser, als der *aliscafo* den Hafen von Milazzo verlässt. Kein Hauch von Windgott Äolus, der den Inseln ihren Namen gegeben hat. Vor mir Tyrrhenisches Meer bis zum Horizont, darüber der Himmel mit wenigen Federwölkchen. Dann tauchen die Umrisse der Äolen auf, noch liegen die Vulkankegel im feinen Dunst eines Oktobermorgens.

Vulcano: heilende Schlammbäder

Die erste Haltestelle ist Vulcano. Der intensiv faulige Geruch des Schwefeldampfes weht herüber. Viele Menschen mit Badetaschen steigen aus, die wenig später wie Zombies in einer heißen blubbernden Brühe liegen. Ihre Körper und das Gesicht sind dick mit Lehm beschmiert, nur Augen und Mund tragen kleine Schlitze. Aus unzähligen Erdlöchern steigen kleine Wolken aus heißem Dampf empor, die die Felsen mit einer gelblich-weißen Schicht überziehen. Eine urweltliche Szenerie.

Salina: Schauplatz von Filmen

Dann erreichen wir den Landungssteg von San Marina auf Salina. Immer wenn die Fähre kommt, bricht die Hektik in dem Minihafen aus. Schachteln werden gewuchtet, Koffer und Taschen

geschleppt. Menschen fallen einander um den Hals. Doch kaum hat das Boot abgelegt, kehrt wieder Stille ein. Es dauert noch Minuten, bis Clara herbeieilt, den Koffer schnappt und in den Jeep bugsiert. Mit jaulendem Motor jagt sie das Auto über den Berg, denn ihre Heimat Malfa liegt in der nächsten Bucht. Völlig unsizilianisch ist Clara, diese kompakte Mixtur aus Energie und Enthusiasmus. Eigentlich hat sie Psychologie studiert, doch Arbeit gibt es nur in Messina, und irgendwann war ihr das tägliche Pendeln zuviel. »Immer wollte ich etwas für meine Insel tun«, meint sie. Seit etlichen Jahren ist sie Besitzerin einer Hotelanlage, um das leibliche Wohl ihrer Gäste kümmert sich Ehemann Michele. Auch er stammt aus Malfa und hat früher als Fischer gearbeitet. Vom Boot in die Küche, bei dem scheuen Autodidakten gibt es das feinste Essen auf Salina. Wie den Mittelmeerfisch *Pesce di Luna* mit einer Salsa aus Thymian, Petersilie, Öl und Zitrone.
Es ist schon Ende Oktober, aber der Sommer will kein Ende nehmen. Noch immer diese satte, warme Luft und der Garten voll blühender Bougainvilleas, Callas, Oleander und Hibiskus. Die schönste Bucht der Insel liegt unterhalb von Pollara, fünf Kilometer von Malfa entfernt. Der Weg dorthin führt an jenem Haus vorbei, wo Anfang der 1990er-Jahre der berühmte Film »Il Postino« mit Philippe Noiret und Massimo Troisi gedreht wurde. Heute wird es als Ferienhaus vermietet und dann lässt sich die Geschichte des Schriftstellers Pablo Neruda und seines Postboten ganz hautnah erleben.

Zwei erloschene Vulkane prägen die Kulisse von Salina. Bedeckt mit Steineichen, Kastanien und Kiefern steht der fast tausend Meter hohe Monte Fossa dei Felci im Westen, gegenüber ragt der Monte dei Porri in die Höhe. Als wäre ihre Haut in grüne Falten gelegt worden, so schimmern die Bergrücken im Licht des späten Nachmittags. Ein Märchen aus Grün und Blau.

In einem Café am Hafen von Lipari sitzt Stefano. Er habe lange auf Stromboli gelebt, aber der Winter sei dort zu langweilig. Auf der geschäftigen Hauptinsel finde er immer einen Freund für einen Espresso. Für Gespräche, ob der Zucker besser in einer Dose auf dem Tisch stehen oder als Päckchen neben der Tasse liegen sollte. Nach einer Woche ist mein Traum vorbei. Übrigens, im Hafen von Milazzo stand wieder Giuseppe. Falls ich lieber mit dem Taxi nach Catania fahren möchte.

DIE KAPER

Ihre zarten weiß-violetten Blüten verwandeln Salina in ein botanisches Zauberland, denn die Zweige des Echten Kapernstrauches wuchern über jede Mauer, geben dem vielen Grün der Insel jenen Touch von elegant feiner Farbe. Gegen Ende Mai werden die Blütenknospen mit der Hand geerntet, die ungenießbaren Früchte müssen dann für einen Monat in ein Gemisch aus Salzlake, Essig und Öl eingelegt werden. Die Insel Salina ist ein Zentrum der Kaper, die im ganzen Mittelmeerraum wächst. Hier wird im Juni auch das Kapernfest gefeiert.

Die bekanntesten Gerichte mit Kapern sind Vitello tonnato, Königsberger Klopse und Steak Tartar. Seit der Antike gilt die Pflanze auch als Heilmittel und Aphrodisiakum.

WEITERE INFORMATIONEN ZU DEN LIPARISCHEN INSELN

AAST, Corso Vittorio Emanuele 202, Lipari, Tel. (0909) 8 88 00 95
Website: www.isolelipari.it
Hotel Signum: Salina, www.hotelsignum.it

Die Insel Vulcano ist für ihre Schwefelquellen bekannt und schon von Weitem riecht man den fauligen Geruch dieses Gesundmachers.

Süditalien

50 Stromboli und Panarea – die schicken Inseln

Elementares Naturerlebnis

Um einmal die Urgewalt der Erde zu spüren, muss man an seiner Flanke emporgehen. Mit den Füßen erfahren, wie sich ein Berg unter Krämpfen schüttelt und dann seinen feurigen Inhalt ausspuckt. Auf der Insel Stromboli liegt einer der aktivsten Vulkane der Welt. Alle fünfzehn Minuten kündigt ein dumpfes Grollen einen erneuten Ausbruch an, und dann hört man von ferne das Prasseln der Gesteinsbrocken, die aus dem Schlund herausgeschleudert werden.

Wanderung auf den Stromboli

Es ist ein dreistündiger Aufstieg zum Stromboli, zu diesem fast 1000 Meter hohen Vorhof der Hölle. Gegen vier Uhr nachmittags gehen wir los, um die Eruptionen bei Nacht zu erleben. Gnadenlos brennt die Sonne in den schmalen Pfad, der in Serpentinen hinaufführt, und die mannshohen Gräser schirmen jedes Lüftchen ab. Wir wandern vorbei an gelb blühendem Ginster und knorrigen Rosmarinbüschen, es riecht nach staubiger Erde. Mit zunehmender Höhe wird die Vegetation immer karger, es wachsen nur mehr magere Gräser, und dann waten wir durch knöcheltiefen schwarzen Sand. Oftmals müssen wir uns mit den Händen an Felsbrocken entlang ziehen, denn im Sand können die Schuhe keinen Halt finden. Mit der untergehenden Sonne kommt Wind auf, es wird empfindlich kalt. Vergessen ist die Hitze des späten Nachmittags, in Anorak und Mütze klettern wir auf einen erloschenen Zwillingskrater. Wie auf einem Hochsitz schauen wir in den Rachen des Strombolis. Mittlerweile ist es stockdunkel geworden, und das gleißende Rot und Gelb des Magmas schmerzt in den Augen. In feurigen Fontänen wird die flüssige Lava nach oben geschleudert und dann hört man das Aufprasseln der Steine. Als glühende Brocken kullern sie die Sciara del Fuoco herunter, es ist eine Feuerrutsche im Nordwesten der Insel. Manche von ihnen verschwinden dampfend und zischend im Meer. Es riecht nach Rauch und Verbranntem. Dann kommt eine dicke Wolke, und als würde ein Vorhang im Theater heruntergelassen, findet nun das Schauspiel ohne Publikum statt. In rabenschwarzer Nacht, mit kalten Füßen und Händen, rutschen wir in dem

Oben: Abendstimmung auf der Insel Stromboli. Unten und rechte Seite unten: Terrasse des Hotels Signum auf Salina. Rechte Seite oben: Der Stromboli sendet seine feurigen Boten in die dunkle Nacht. Ein aufregendes Spektakel.

Stromboli und Panarea – die schicken Inseln

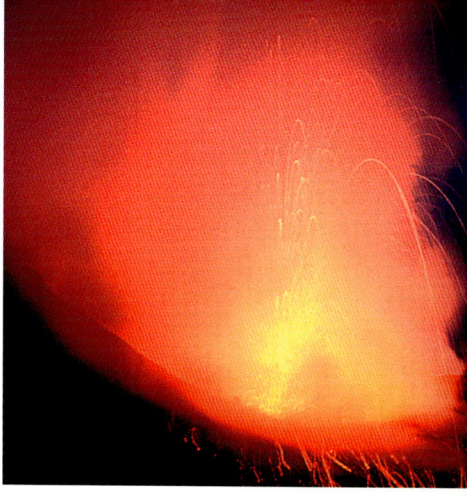

schlüpfrigen Lavasand nach unten, und ich bin heilfroh, dass unser Führer jeden Zentimeter seines Vulkans kennt. Auch der Ort liegt in tiefer Dunkelheit, denn auf Stromboli gibt es keine Straßenlaternen. Nur zwei Pizzerias haben noch Licht. Unter einem Strohdach genießen wir das milde Klima des süditalienischen Herbstes, und nach einer Pizza Margherita und einem Bier tasten wir uns an Hauswänden und Gartenmauern zum Hotel. Das war schon ein unvergessliches Erlebnis.

Dieser Vulkan hat die kleine Insel bekannt gemacht, denn sie liegt am weitesten von der Hauptinsel entfernt. Im August sind die wenigen Hotels restlos ausgebucht. Besonders von italienischen Gästen, denn es gilt als sehr schick, seinen Urlaub auf Stromboli zu verbringen. Der Boom hat sich noch verstärkt, seit Modedesigner aus Mailand ihre Feriendomizile bauen ließen.

Friedliches Panarea

Nur schön und von keiner vulkanischen Gefahr bedroht ist Panarea, die kleinste aller äolischen Inseln. Sie liegt zwischen Salina und Stromboli. Mal gerade 3,4 Quadratkilometer groß, gehört sie zu den Lieblingszielen wohlhabender Italiener, denen Capri viel zu quirlig geworden ist. Nun reihen sich in San Pietro die Luxusvillen aneinander, eine ruhige, aber elegante Atmosphäre bestimmt den kleinen Ort. Wer kein Haus besitzt, wohnt im »Hotel La Raya«. Die Hotelanlage versteckt sich hinter Feigenkakteen, Agaven, Ginster, Kapernsträuchern und uralten Olivenbäumen.

Das Restaurant liegt am Hafen und am Abend genießt man wohl den schönsten Blick auf den speienden Stromboli. Ein wirklich atemberaubendes Spektakel, das man auf keinen Fall verpassen sollte. Auf der Insel Panarea gibt es keine Autos und keine Campingplätze. Aber ein Motorboot sollte man sich mieten, um zur traumschönen Bucht von Cala Junco zu fahren. Ein sehr malerischer Strand, eingerahmt von steilen Felsen und unfassbarer Stille. Von dort kann man zu einem prähistorischen Dorf hinaufwandern.

STROMBOLI – DAS HAUS DER INGRID BERGMAN

Schon tausend Male erzählt und schon mehr als ein halbes Jahrhundert vorbei ist die Romanze der schwedischen Schauspielerin Ingrid Bergman mit dem italienischen Regisseur Roberto Rossellini. Eigentlich sollte seine Ex-Geliebte, die italienische Ikone Anna Magnani, die Titelrolle in »Stromboli« bekommen, doch die hellhäutige Schwedin machte das Rennen. Der Film war eine verlustbringende Schnulze, aber diese Affäre bringt die Insel Stromboli bis heute ins Gespräch. Noch immer pilgern die Menschen zu dem kleinen roten Haus, wo Ingrid Bergman während der Dreharbeiten wohnte. Derweil suchte sich die verschmähte Anna Magnani einen neuen Regisseur, William Dieterle, und drehte den Film »Vulcano« auf der gleichnamigen Insel. Auch ein Reinfall und das Pech, dass zur Vorpremiere die Presse gar nicht anreiste, denn Ingrid Bergman hatte inzwischen in Rom den Sohn von Rossellini zur Welt gebracht, was alle weit mehr interessierte.

WEITERE INFORMATIONEN ZU STRÓMBOLI UND PANAREA

AAST, Corso Vittorio Emanuele 202, Lipari, Tel. (0909) 88 00 95
Hotel Raya: Panarea, www.hotelraya.it

Oben: Die mächtige Kuppel von San Francesco di Paola auf der Piazza del Plebiscito in Neapel.
Mitte: Ein Delikatessengeschäft auf der Insel Ischia. Sehr beliebt sind die getrockneten Peperoni.
Unten: Ein Oleander-Weg in Ravello an der Küste von Amalfi.

Register

Agrigent   156
Alba   62
Amalfi   130
Antico Caffè San Marco   54
Aostatal   56
Apulien   142
Arezzo   100
Armentarola   18
Assisi   108
Ätna   158

Barbaresco d'Alba   63
Bari   138
Basilica Palladiana   36
Basilicata   144
Bellagio   69
Bellini, Vincenzo   158
Bergmann, Ingrid   165
Bologna   86
Borromäische Inseln   64
Botta, Mario   107
Botticelli   92
Bozen   16 f.
Bramante, Donato   74
Brenta-Kanal   38
Brescia   30
Brunelleschi   95
Burg Sigmundskron   24

Caffè Pasticceria Pirona   54
Caffè Pedrocchi   42
Calino   33
Camorra   120
Canal Grande   47
Cappella degli Scrovegni   42
Capri   134
Cardinale, Claudia   8
Castel del Monte   142

Castello Sforzesco   75
Catania   158
Catull   29
Chianti   98
Cinque Terre   80
Ciprani, Giuseppe   46
Club Moritzino   19
Colline Metallifere   106
Columbus, Christoph   78
Comer See   68
Corniglia   82
Cortina d'Ampezzo   50
Corvara   18
Cosenza   146
Costiera Amalfitana   128

d'Annunzio, Gabriele   28
da Vinci, Leonardo   74
Dietl, Walter   22
Doria, Andrea   76
Durnwalder, Luis   17
Duse, Elenora   28

Ekberg, Anita   8
Erbusco   33

Falzarego-Pass   19
Fellini, Federico   8
Ferragamo, Salvatore   95
Ferrara   90
Florenz   92
Fondazione André Heller   28
Fontana di Trevi   113
Forum Romanum   112
Franciacorta   32

Galilei, Galileo   42
Galleria degli Uffizi   92

Galleria Vittorio Emanuele II.   72
Gapp, Arnold   22
Gardasee   26
Gardone di Sopra   28
Gärten von Trauttmansdorff   24
Genua   76
Giotto   42,92
Grotta Azzurra   135

Harry's Bar   46
Hemingway, Ernest   47
Hofer, Jörg   22
Hopfen & Co   16
Hotel Laurin   17

Il Tommaseo   52
Ischia   135
Iseo-See   33

Juvarra, Filippo   68

Kloster San Pietro in Lamosa   33
Kolosseum   112

La Rotonda   36
La Spezia   80
La Villa   19
Lagazuoi   18
Lago di Trasimeno   109
Lago Maggiore   64
Lecce   140
Lerici   80
Lingotto   61
Liparische Inseln   160
Loggia del Capitaniato   36

Register

Lollobrigida, Gina 8
Loren, Sophia 8
Lucca 104

Mailand 72
Malcesine 26
Manarola 82
Mantegna 92
Maratea 146
Maremma 106
Marsala 154
Maserati 89
Massa Marittima 106
Masserie 143
Matera 144
Meran 24
Messner Mountain Museum 22
Michelangelo 92
Mille Miglia 31
MMM Firmian 24
Modena 90
Mole Antonelliana 60
Monte Baldo 26
Morandi, Giorgio 89
Museo della Repubblica Sociale di Salò 29
Mussolini 28

Nationalpark Cilento 131
Neapel 120

Orvieto 109

Padua 40
Palazzo dei Capitani del Lago 26
Palazzo Madama 60
Palazzo Pitti 94
Palermo 148
Palladio, Andrea 31, 36
Panarea 165

Parco Nazionale dell'Aspromonte 147
Parco Nazionale della Calabria 147
Perugia 108
Piazza della Loggia 30
Pickering, Harry 46
Pogue Mahones 16
Pompeji 124
Ponte Vecchio 94
Portofino 79
Portovenere 80
Positano 131
Prato della Valle 42

Ravello 130
Ravenna 89
Reschensee 22
Riomaggiore 82
Riva 26
Rizzi, Walter 22
Rizzi-Turm 22
Rom 112

Salina 160
Salò 28
Sansovino, Jacopo 31
Santa Maria del Fiore 95
Santa Maria delle Grazie 74
Schloss Schlandersburg 24
Schloss Sigmundskron 22
Scotoni-Hütte 18
Segesta 154
Seiser Alm 19
Selinunt 156
Sella Ronda 18 f.
Sentiero azzurro 82
Siena 100
Sirmione 29
Sizilien 154
Stromboli 164

Südtiroler Archäologiemuseum 17
Syrakus 157

Taormina 159
Teatro Olimpico 36
Thun, Matteo 25
Tizian 92
Tofana 19
Torre Garisenda 88
Torri degli Asinelli 88
Toscanini, Arturo 65
Triest 52
Tscholl, Werner 22
Turin 58
Turiner Grabtuch 60

Vasari, Giorgio 95
Venedig 44
Verdi, Guiseppe 34
Vernazza 82
Verona 34
Vesuv 124
Via dell'Amore 83
Villa Carlotta 69
Villa Foscari 38
Villa Melzi 69
Villa Pisani 38
Villa Taranto 65
Villa Vigoni 68
Villa Widmann 38
Vincenza 36
Vinschgau 22
Volterra 100
Vulcano 160

Oben: Jeder Stuhl ist besetzt im Caffè del Duomo im Palazzo Municipale in Catania. Mitte: Die Rosette von Santa Maria Maggiore in Assisi. Unten: Nippes wartet auf einen Käufer in der Via Gregorio Armeno in Neapel.